KB247768

함께 하는 기쁨을 만드는

반려견 훈련사

함께 하는 기쁨을 만드는

반려견 훈련사

이솔이 지음

"
사람과 반려동물이 더 행복하게
살아갈 수 있도록 돕는,
소통과 배려의 직업입니다.
"

DOG TRAINER

TaLK SHOW

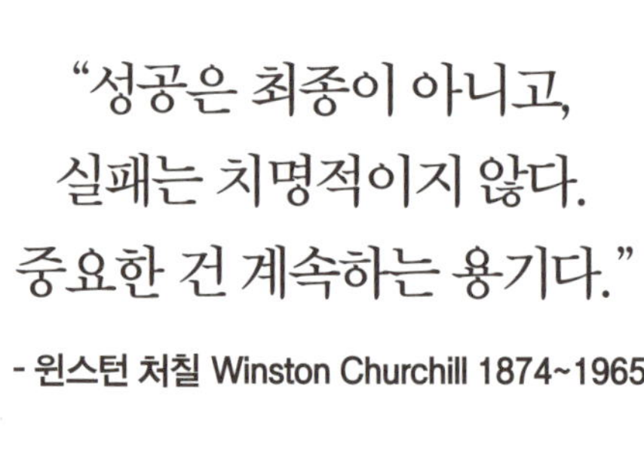

"성공은 최종이 아니고,
실패는 치명적이지 않다.
중요한 건 계속하는 용기다."

- 윈스턴 처칠 Winston Churchill 1874~1965

"강아지는
우리의 전부는 아니지만,
우리의 삶을 완전하게 만든다."

- 로저 카라스 Roger A. Caras 1928~2001

함께 하는 기쁨을 만드는
반려견 훈련사

C·O·N·T·E·N·T·S

반려견 훈련사가 되는 방법 … 129

DOG
TRAINER

반려견 훈련사 이솔이의 프러포즈

PROPOSE

안녕하세요, 여러분.

반려견 훈련사 이솔이입니다. 청소년 여러분을 이렇게 책으로 만나게 되어 무척 반갑습니다.

이 글이 여러분에게 보내는 편지처럼 느껴지길 바라며, 저의 이야기를 들려드릴게요.

저는 어릴 적부터 강아지를 무척 좋아했어요.

주말 아침이면 동물이 나오는 TV 프로그램을 꼭 챙겨보곤 했는데, 특히 강아지가 나오는 장면에서는 눈을 뗄 수가 없었죠.

그저 '강아지가 좋으니까'라는 단순한 이유로 자연스럽게 반려동물 관련 학과에 진학했고, 공부를 하며 '애견훈련사'라는 직업이 나와 잘 맞는다는 걸 알게 되었습니다. 무엇보다 직접 현장에서 강아지들과 호흡하며 확신이 들었어요. 강아지와 함께하는 시간은 보람차고, 때로는 감동적이기까지 했으니까요.

　지금은 반려견 교육 현장에서 학생들을 만나고 있습니다. 그러다 보면 종종 이런 질문을 받아요.
　"무엇을 배우고 준비해야 하나요?"
　하지만 청소년 시절은 어떤 직업을 구체적으로 정하기보다는 다양한 경험을 통해 내가 어떤 사람인지, 무엇을 좋아하는지를 조금씩 알아가는 시기라고 생각해요.
　공부만이 전부가 아니랍니다. 친구들과의 대화, 어른들과의 만남, 새로운 활동 속에서 느끼는 감정 하나하나가 다 여러분의 미래를 만들어갈 재료가 되지요. 그리고 인생을 함께할 좋은 친구들을 만나는 시기이기도 하고요.

여러분은 지금 수많은 가능성과 기회 앞에 서 있는 존재예요.

그러니 너무 조급해하지 말고, 하루하루를 신나고 재미있게 채워가길 바라요.

이 순간에도 여러분은 이미 아주 멋지고 소중합니다.

이 책을 통해 전하고 싶은 건, '반려견 훈련사'가 단순히 강아지를 훈련하게 시키는 직업이 아니라는 거예요.

사람과 반려동물이 더 행복하게 살아갈 수 있도록 돕는 소통과 배려의 직업이라는 사실을 알리고 싶었답니다. 또한 제가 직접 경험한 이야기들과 이 직업을 준비하는 데 도움이 될 현실적인 조언도 함께 담았습니다.

여러분이 이 글을 읽으며 '나도 이런 일을 해볼 수 있을

까?’ 하고 작은 상상을 해본다면, 언젠가 그 상상이 현실이
될지도 모릅니다.

　이제, 반려견 훈련사를 향한 발걸음을 함께 시작해 볼까
요?

D O G
TRAINER

첫인사

편 토크쇼 편집자

이 이슬이 반려견 훈련사

편 이솔이 훈련사님 안녕하세요? 전 국민 반려견 시대에 훈련사님을 뵙게 되어서 너무 신기하고 행복한 마음입니다. 잡프러포즈 시리즈를 통해 우리 청소년을 만나는 소감이 어떠신가요?

이 전 국민 반려견 시대라는 말처럼, 이제 반려견은 단순한 애완동물이 아니라 함께 살아가는 가족이 되었잖아요. 그런 흐름 속에서 잡프러포즈 시리즈를 통해 청소년 친구들을 만나게 된 건 저한테도 정말 특별한 경험이에요. 평소에도 보호자들이나 청소년들과 수업을 하지만, 제가 직접 경험했던 이야기들을 이렇게 솔직하게 들려줄 기회는 흔치 않거든요.

그래서 이번 책이 더 뜻깊게 느껴져요. 정해진 커리큘럼이나 딱딱한 교육법이 아니라, 현장에서 반려견 훈련사로서 겪었던 고민이나 보람을 진짜 그대로 전할 수 있으니까요.

이런 경험들이 단순히 직업 소개에 그치지 않고, 실제 현장에서 어떤 어려움과 보람이 있는지를 생생하게 보여줄 수 있을 거라고 생각해요. 또 저처럼 어릴 때부터 강아지를 좋아했던 친구들이 이 책을 통해 "아, 반려견 훈련사라는 직업이 있구나" 하고 알게 되고, 그 꿈을 키워나간다면 정말 기쁠 것 같습니다.

편 훈련사님께서 청소년들에게 이 직업을 프러포즈하시는 이유가 있나요?

이 반려견 훈련사라는 직업은 정말 매력적인 일이에요. 흔히 "그냥 강아지만 훈련하면 되는 거 아니야?" 하고 단순하게 생각할 수 있지만, 사실은 그 이상이거든요.

강아지와 함께 지내면서 얻게 되는 기쁨이 참 많아요. 간식을 바라보며 반짝이는 눈빛과 엉뚱한 행동에 절로 웃음이 나는 순간들, 그리고 교육을 통해 조금씩 달라지는 과정을 보는 것만으로도 행복하죠. 그런데 거기서 끝이 아니에요. 강아지가 긍정적으로 변해가는 모습을 보면서, 그 옆에서 함께 지켜보는 보호자의 얼굴에 환한 미소가 번질 때가 있어요. 그 순간을 볼 때마다 저는 말로 다 표현하기 힘든 벅찬 감정을 느낍니다.

그 미소 속에는 '우리 강아지가 정말 달라졌구나' 하는 놀라움과 기특함이 담겨 있거든요. 그걸 볼 때마다 제가 하는 일이 참 소중하다는 걸 다시 느껴요. 그래서 이 직업을 진심으로 자랑스럽게 생각하고, 또 꼭 누군가에게 소개해 주고 싶습니다.

편 훈련사님께서는 원래 동물을 좋아하셨나요? 저는 반려견과 함께 지내기 전에는 동물을 키우는 분들이 이해가 안 되었습니다. 지금은 반려견 없는 저의 집을 상상하기가 어려울 정도로 가족의 중요한 일원이 되었어요. 반려견 훈련사는 강아지를 얼마나 좋아하는 사람일까요?

🟢 이 반려견 훈련사는 그냥 "강아지를 좋아해요"라는 말로는 다 설명하기 어려운 직업이에요. 진심 어린 사랑과 책임감을 동시에 가진 사람이라고 할 수 있죠.

단순히 강아지가 귀엽고 좋다는 마음만으로 되는 건 아니에요. 강아지의 행동을 이해하려는 관심과 애정이 바탕이 되어야 하고, 교육 중에는 엄격하고 단호한 태도를 보여야 할 때도 많거든요. 강아지가 제대로 배울 수 있도록 끝까지 책임을 지는 자세도 꼭 필요하고요.

훈련이라는 과정은 아주 단순해 보이지만 사실은 섬세한 균형이 필요해요. 올바른 행동은 아낌없이 칭찬해 주고, 하지 말아야 할 행동은 분명하게 알려줘야 하죠. 그래서 반려견 훈련사는 누구보다 강아지를 사랑하지만, 그 사랑을 건강하고 올바른 방식으로 표현하려고 늘 노력하는 사람이라고 생각합니다.

⚫ 편 인터넷과 SNS에는 강아지 관련 영상들이 넘칩니다. 대부

분 정말 똑똑하고 사람과 소통을 잘하는 영상인데, 사실 저는 개인적으로 반려견을 그렇게 훈련하는 건 쉽지 않다고 느끼거든요. 영상에 비추어지는 모습만 보고 반려견에 대한 환상을 갖고 있는 분들도 많은 것 같아요. 어떻게 생각하시나요?

이 아주 좋은 질문이에요!

요즘 반려견 훈련 영상은 대부분 릴스나 짧은 영상 같은 걸로 보잖아요. 멋지고 잘하는 모습만 짧고, 강렬하게 담겨 있는데, 사실 그 뒤에 숨겨진 교육 과정까지 보여주는 경우는 거의 없어요.

예를 들어 '가르치는 방법'이라며 올린 영상도 사실은 이미 훈련된 강아지로 단계만 보여주는 경우가 많거든요. 그러다 보니 영상을 보고 따라 하려는 보호자들이 실제로는 어려움을 많이 겪어요. "저 강아지는 잘하던데 왜 우리 강아지는 이렇게 못하지?" 하고 비교하게 되죠.

실제 훈련 과정은 생각보다 훨씬 길고, 인내심이 필요해요. 제가 수업하는 학생들에게도 늘 이야기하는 부분이에요. 학생들이 영상을 보고 "아, 이렇게 하면 되겠구나" 하고 그대로 시도하는데, 정작 자기 강아지의 현재 수준은 신경 쓰지 않고 무리하게 교육을 진행하는 경우가 많거든요.

하지만 강아지는 말을 못 하잖아요. 그래서 한 단계 한 단계 차근차근, 강아지가 이해할 수 있는 속도로 가야 해요. 그렇지 않으면 당장은 괜찮아 보여도, 나중에 잘못된 방식이 드러나서 문제 행동으로 표현될 수 있습니다. 강아지 교육은 절대 짧지 않은 여정이에요. 충분한 시간을 들여서 차분히 배워야 한답니다.

편 이솔이 훈련사님과 대화하면서 매우 차분하시다는 느낌을 많이 받았습니다. 말이 안 통하는 동물과 일을 하시는 게 힘들지는 않으신가요? 강아지와 소통하는 특별한 비결이 있나요?

이 사실 말이 통하지 않는 강아지를 교육한다는 건 쉽지 않은 일이에요. 아이를 키우는 것과도 많이 비슷하죠. 저도 지금 네 살 딸을 키우고 있는데, 강아지 교육과 아이의 교육 사이에서 닮은 점을 참 많이 느낍니다. 세상에 태어나 하나씩 삶의 규칙을 배워가는 아이처럼, 반려견 훈련도 비슷한 과정을 거쳐요. 리드줄을 차고 걷는 법부터, 빗질하는 법, 발톱 정리 같은 생활 속 규칙들을 차근차근 알려줘야 하거든요. 이 과정이 절대 쉽진 않지만, 강아지가 점점 달라지고 규칙을 알아가는 모습을 보면 힘들었던 과정이 뿌듯함으로 바뀌곤 합니다.

　강아지와 소통할 때 제가 늘 강조하는 특별한 비결이 있어요. 바로 '관찰'이에요. 강아지의 작은 행동 하나까지 세심하게 살펴보고, 거부감을 느끼지 않도록 조심스럽게 접근하는 게 중요하죠. 그리고 또 하나, 아주 중요한 게 있습니다. 바로 '타이밍'이에요. 강아지는 사람의 언어를 전부 이해하지 못하기 때문에, 칭찬이나 보상받는 '그 순간'에 내가 잘했는지 아닌지를 판단합니다. 그래서 올바른 행동을 했을 때 즉시 칭찬하거나 보상을 주는 것, 이 정확한 타이밍이야말로 강아지 교육의 핵심이라고 할 수 있어요.

편　지금까지 많은 직업인들을 인터뷰했는데요, 그분들의 공통점은 자기 일과 삶을 매우 소중하게 여긴다는 거였어요. 직업을 통해 자신의 실력과 인격을 높이고, 자신의 인생을 소중히 여기는 만큼 타인을 깊이 존경하는 모습이었습니다. 훈련사님께서 생각하시는 진정한 직업인은 어떤 모습일까요?

이　제가 생각하는 진짜 직업인은 세 가지 요소를 꼭 갖춘 사람이라고 생각해요.

첫 번째는 직업에 대한 진정성이에요. 단순히 '돈을 벌기 위한 일'이나 '생계를 위한 직업'으로 훈련사를 대하는 게 아니

라, 강아지에 대한 진심 어린 관심과 책임감이 바탕이 되어야
하죠.

두 번째는 경험입니다. 사실 어떤 전공을 했는지는 크게 중
요하지 않아요. 전문성은 학위에서 만들어지는 게 아니거든
요. 진짜 전문성은 현장에서 직접 반려견과 보호자를 만나면
서 생기는 깨달음 속에서 쌓여요. 책으로는 절대 배울 수 없
는 수많은 상황이 있고, 그 속에서 배우는 게 진짜 경험이죠.

세 번째는 끊임없이 배우려는 자세예요. 아무리 경험이 많
아도 세상은 계속 변하잖아요. 그래서 늘 내 방식을 점검하
고, 새로운 걸 배우고, 발전하려는 태도가 필요해요. 강아지
훈련도 마찬가지예요. 훈련 방법은 계속 발전하고 다양해지
고 있어서 훈련사도 끊임없이 공부해야 하죠.

사실 이 세 가지, 즉 직업에 대한 진심·현장의 경험·끊임
없이 배우려는 태도는 훈련사에게만 필요한 게 아니에요. 앞
으로 어떤 직업을 갖든, 진정한 직업인이 되고 싶은 사람이라
면 꼭 한 번은 생각해 봐야 할 중요한 가치라고 생각해요.

■ 저도 어린 시절부터 지금까지 반려견과 함께 생활하고
있는데요, 이솔이 훈련사님을 통해 반려견의 마음을 이해하
고, 보호자로서 저를 되돌아보는 시간이 될 것 같습니다. 그

리고 반려견 훈련에 대해 많이 배울 수 있을 것 같아서 기대됩니다. 나와 반려견, 이웃과 사회 모두의 안전과 행복을 만드는 반려견 훈련사 직업의 세계로 들어가 보겠습니다.

DOG
TRAINER

반려견 훈련이란

반려견 훈련이란 무엇인가요

편 반려견 훈련이란 무엇인가요?

이 많은 분들이 반려견 훈련이라고 하면 '앉아', '엎드려', '하우스'와 같은 명령어를 가르치는 것과 산책 예절, 배변 훈련 등을 먼저 떠올리실 거에요. 물론 그것도 훈련의 일부이지만, 사실 훈련의 본질은 단순히 명령을 따르게 하는 게 아니에요.

반려견 훈련은 사람과 강아지가 함께 살아가기 위해 서로를 이해하고 소통하는 방법을 찾아가는 과정이에요. 강아지는 사람의 언어를 완전히 이해하지 못하고, 사람도 강아지의 몸짓 언어(카밍 시그널)나 감정을 잘 모르는 경우가 많죠. 그래서 훈련은 '명령을 내리고 따르게 하는 것'이 아니라, 신뢰를 쌓아가며 조화롭게 공존하는 법을 배우는 거예요.

사람은 강아지의 몸짓 언어를 통해 감정을 읽고, 강아지는 사람과 함께 안정적이고 독립적인 존재로 성장해 가는 것, 저는 이것이 바로 반려견 훈련이라고 생각합니다. 결국 반려견 훈련은 사람과 강아지가 '함께' 성장하는 소중한 여정이에요.

유독 강아지만 훈련의 대상이 되는 이유가 있나요

편 유독 강아지만 훈련의 대상이 되는 이유가 있나요?

이 강아지가 훈련의 대상이 된 데에는 분명한 이유가 있어요.

가장 유력한 가설에 따르면 강아지는 늑대에서 유래했어요. 오래전 야생에 살던 늑대 중 일부가 인간이 남긴 음식을 먹으면서 인간 주변을 맴돌기 시작했죠. 그중에서도 성격이 온순하고 사람에게 덜 위협적인 늑대들이 인간과 더 가까워졌고, 그렇게 인간과 함께하는 게 생존에 유리했어요. 시간이 지나면서 이런 늑대 무리는 점점 더 사람과 친화적인 성격을 갖게 되었고, 결국 오늘날 우리가 알고 있는 강아지로 변화한 거예요. 그래서 강아지는 아주 오래전부터 인간 곁에서 살아온 특별한 동물이랍니다.

강아지가 인간과 오래 함께하다 보니 사람들의 필요에 맞춰 다양한 역할도 맡게 되었어요. 목장에서 가축을 지키는 목양견, 집이나 시설을 보호하는 경비견, 새를 몰아 날아오르게 하거나 사냥감을 물어오는 조렵견, 토끼나 너구리 같은 들짐승을 쫓는 수렵견 등 인간을 돕는 여러 일을 해왔지요.

품종 개량을 거치면서도 각기 다른 특성과 역할을 가진 다양한 견종이 생겨났고, 그 과정에서 사람과 깊은 유대관계를 형성하게 되었어요.

재미있는 실험도 있었는데요. 두 개의 통 중 한쪽에만 간식을 숨기고, 사람이 손짓으로 위치를 알려주었을 때 늑대는 손짓에 상관없이 두 통을 모두 확인했지만, 강아지는 사람의 신호를 바로 이해하고 곧장 간식이 있는 통으로 달려갔어요. 이 실험을 통해 강아지가 인간의 신호를 읽고 소통하는 능력이 있다는 것이 밝혀졌습니다.

즉, 강아지는 인간의 몸짓 언어를 이해할 수 있고, 학습 능력도 높아서 함께 생활하며 훈련의 대상이 될 수 있었던 거예요. 지금은 단순히 인간을 돕는 역할을 넘어서, 이름 그대로 '반려견', 즉 가족과 같은 존재로 함께 살아가고 있답니다.

늑대와 유사한 외모의 체코슬로바키아 울프독 (출처: 나무위키)

양몰이를 하는 보더콜리 (출처: 구글 이미지)

함께 하는 기쁨을 만드는
반려견 훈련사

반려견 훈련에도 분야가 있나요

편 반려견 훈련에도 분야가 있나요?

이 네, 있습니다. 간단히 말씀드리면 몇 가지로 나눌 수 있어요.

먼저 기본예절 교육이에요. 강아지가 사람과 함께 살아가기 위해 꼭 필요한 과정이죠. 단순히 '앉아, 엎드려' 같은 명령어만 가르치는 게 아니라, 함께 살아가는 데 필요한 기본 규칙을 배우는 거예요. 이런 기초 교육이 잘 되어 있어야 그 위에 심화 교육도 가능하답니다.

다음은 문제 행동 교정이에요. 보호자가 불편해하거나, 강아지 스스로 생활하는 데 위험을 줄 수 있는 행동들을 말해요. 예를 들어 과도하게 짖거나 물건을 망가뜨리는 행동 같은 거죠. 이런 행동을 분석하고, 더 바람직한 행동으로 바꿔주는 과정이 바로 문제 행동 교정이에요.

그다음은 독 스포츠Dog Sports 교육이에요. 사람에게 스포츠 경기가 있듯, 강아지에게도 운동과 경쟁, 훈련이 결합 된 스포츠가 있거든요. 장애물 달리기 같은 경기들이 대표적이에요.

또 장애인 보조견 훈련도 있어요. 시각장애인 안내견처럼 신체적 장애가 있는 분들의 일상생활을 도와주는 특수 목적 훈련이지요.

마지막으로 탐지견 훈련이 있어요. 특정 냄새를 인식해서 그 냄새가 나면 앉거나 엎드리는 등 일정한 행동을 하도록 가르치는 거예요. 마약 탐지견, 폭발물 탐지견이 여기에 해당하죠.

이처럼 반려견 훈련에는 여러 분야가 있고, 각각의 분야마다 세부적으로 다른 방식과 목표가 있어요.

반려견 훈련은 어디에서 이루어지나요

편 반려견 훈련은 어디에서 이루어지나요? 그리고 각각의 장소는 어떤 방식의 교육을 하나요?

이 강아지 교육은 꼭 '훈련소'에서만 하는 게 아니에요. 요즘은 강아지의 성격이나 보호자의 생활 방식에 맞춰 다양한 형태로 진행되고 있죠. 대표적으로 훈련소, 유치원, 방문 교육, 아카데미 이렇게 네 가지가 있어요.

먼저 훈련소예요. 일정 기간 강아지가 훈련소에 입소해서 생활하면서 교육받는 방식이에요. 식사, 산책, 휴식, 훈련까지 하루의 일과를 훈련사와 함께 지내죠. 과거에는 이 방식이 많았고, 기본예절 교육만 해도 보통 4~6개월 정도 걸렸어요. 장점은 강아지와 훈련사가 함께 오래 있으면서 친밀감도 높이고, 집중 훈련이 가능하다는 점이에요. 반대로 단점은 보호자와 떨어져 지내는 시간이 길다는 거에요. 최근엔 훈련소도 유치원 방식과 함께 운영되는 경우가 많습니다.

그다음은 강아지 유치원이에요. 아침에 등원해서 저녁에 하원하는, 말 그대로 주간 보호 형태예요. 어떤 곳은 단순히 놀이 중심으로 운영되기도 하고, 어떤 곳은 사회화·기본예절·환경 적응 같은 커리큘럼을 갖춘 '교육 중심 유치원'도 있어요. 장점은 보호자와 떨어지는 시간이 짧고, 다른 강아지들과 어울리며 다양한 자극을 경험할 수 있다는 거에요. 다만 집중도는 훈련소보다는 조금 낮을 수 있죠.

방문 교육은 훈련사가 직접 보호자의 집이나 생활 공간으로 가서 교육을 진행하는 방식이에요. 주로 문제 행동 교정을 위해 많이 선택되죠. 강아지가 왜 그런 행동을 하는지 원인을 분석하고, 보호자가 직접 다루는 방법을 함께 배우는 거예요. 장점은 강아지가 낯선 환경에 스트레스 받지 않고, 실제 문제가 일어나는 장소에서 바로 교정이 가능하다는 거예요. 하지만 교육 시간이 짧아서 보호자가 일상에서 꾸준히 반복해 줘야 효과가 유지돼요.

마지막은 아카데미예요. 보호자와 반려견이 함께 교육장에 와서 배우는 방식이에요. 1:1 개별 수업 또는 소규모 그룹 수업으로 진행되고, 기본예절부터 문제 행동 교정, 보호자를 위한 이론 수업까지 다양하게 배울 수 있어요. 보호자가 직접 실습을 해보기 때문에 교육 효과가 오래 가는 게 장점이에요. 대신 강아지가 낯선 환경에서 긴장을 많이 하거나, 교육장까지 오는 게 힘든 경우엔 조금 불편할 수 있죠.

결국 어떤 교육 방식이 맞는지는 강아지의 성향과 보호자가 얼마나 꾸준히 실천할 수 있느냐에 달려 있어요. 중요한

애견 훈련소에서 교육 중인 강아지

방문 훈련 현장

애견 유치원 수업 장면

함께 하는 기쁨을 만드는
반려견 훈련사

건 강아지와 나에게 맞는 방식을 선택하는 거예요.

훈련소나 유치원을 운영하려면 허가 기준이 있어요.

애견 유치원이나 훈련소는 반드시 〈동물 위탁 관리업〉 허가를 받아야 해요.

반려동물 위탁업이란 쉽게 말해, 보호자로부터 동물을 일정 기간 맡아서 보호하거나 훈련하는 업종을 뜻합니다.

그리고 건물 기준도 있는데요. 건물 용도가 반드시 2종 근린생활시설이어야 해요. 근린생활시설이란 주택가나 그 주변에 위치해서 주민들에게 일상생활에 필요한 재화와 서비스를

근린생활시설 설명 (출처: 토지이음)

제공하는 시설을 말하죠. 업종에 따라 1종, 2종으로 나뉘는데, 반려동물 훈련소나 유치원은 2종 근린생활시설 안에 들어가야 허가받을 수 있습니다.

시설 기준도 꼭 지켜야 해요.

우선 위탁관리실, 고객 응대실, 개별 휴게실은 반드시 갖춰야 합니다.

동물 위탁 관리실은 강아지가 밖으로 나가지 않도록 이중문과 잠금장치를 설치해야 하고, 고객 응대실은 위탁관리실과 반드시 분리해야 해요.

또 강아지들이 머무는 휴게실에는 CCTV를 설치해서 관리해야 하고요. 그리고 중요한 기준이 하나 더 있어요. 강아지 20마리당 최소 1명의 관리 인력을 반드시 두어야 합니다.

어떤 반려견들에게 훈련이 필요한가요

편 어떤 반려견들에게 훈련이 필요한가요? 그리고 훈련은 왜 중요한가요?

이 정말 좋은 질문이에요.

많은 분이 '문제 행동이 있는 강아지만 훈련이 필요하다'라고 생각하시는데, 사실은 그렇지 않아요. 모든 강아지에게 교육은 필수랍니다.

왜냐하면, 사람이 태어나서 교육받고 독립된 존재로 자라나듯이 강아지도 마찬가지로 사람과 함께 살아가기 위해선 '삶의 규칙'을 배워야 하거든요. 훈련은 단순히 문제 행동을 고치는 과정이 아니라, 강아지와 보호자 모두가 편안하게 반려 생활을 하기 위해 꼭 필요한 과정이에요.

만약 이런 기본 교육이 잘 이루어지지 않으면, 생활 속에서 여러 가지 문제 행동이 생겨요. 대표적으로 헛짖음, 분리불안, 공격성, 배변 문제, 낯선 환경에 적응 못 하는 것들이죠. 그래서 사실은 문제 행동이 생기고 난 뒤에 교육을 시작하는 것보다는, 처음부터 기본 교육을 해주는 것이 훨씬 더 좋아요.

제가 예전에 교육했던 강아지 중에 '토리'라는 몰티푸(말티

말티푸 '토리' - 낯선 사람에 대한 짖음 교정

도우미견의 도움으로 다른 강아지에 대한 두려움 극복 훈련

푸) 친구가 있었어요. 보호자가 토리를 정말 아끼는 마음에 어릴 때 예방접종이 끝날 때까지 혹시 병에 걸릴까 봐 담요로 싸서 다녔다고 해요. 접종은 보통 생후 2개월쯤 시작해서 5~6개월까지 이어지는데, 사실 이 시기가 강아지에게는 사회화의 황금기라고 불릴 만큼 정말 중요한 시기거든요.

그런데 토리는 그 시기를 제대로 경험하지 못하면서 낯선 사람이나 강아지를 무서워하게 됐고, 두려움이 커지면서 결국엔 짖거나 흥분해서 공격성까지 보이게 된 거예요. 처음 만났을 때도 보호자가 줄을 꽉 잡고 있어서 다행이지, 그렇지 않았다면 물렸을 수도 있었어요. 보호자는 접종 전 감염을 막고 싶었던 거지만, 오히려 더 큰 어려움이 생긴 거죠.

다행히 보호자의 꾸준한 노력과 반복 훈련 덕분에 토리는 점점 나아졌어요. 지금은 낯선 사람도 만나고, 다른 강아지와도 어울리고, 산책도 즐길 수 있는 강아지가 되었답니다.

자신과 잘 맞는 반려견은 어떻게 찾아야 하나요

편 자신과 잘 맞는 반려견은 어떻게 찾아야 하나요?

이 우선 본인의 생활 환경을 먼저 생각해야 합니다. 아파트에 사는지, 마당이 있는 집에 사는지에 따라 선택이 달라지거든요. 아파트라면 아무래도 대형견보다는 소형견이 적합할수 있고, 대형견을 키우고 싶다면 산책이나 에너지 발산을 위해 얼마나 시간을 투자할 수 있는지가 정말 중요합니다.

그리고 보호자의 성향도 고려해야 해요. 활동적이고 운동을 좋아한다면 보더콜리 같은 활동적인 견종이 잘 맞고, 차분한 반려견을 원한다면 시추나 페키니즈 같은 견종이 좋습니다. 또 집에서 생활하면서 털 빠짐을 원치 않는 분들은 푸들, 몰티즈(말티즈), 몰티푸 같은 견종이 잘 맞겠죠. 결국 나의 생활 방식과 성향에 맞는 반려견을 찾는 게 가장 중요합니다.

제 이야기를 예로 들자면, 저는 첫 반려견으로 푸들을 선택했어요. 대학에 들어가서 공부하다 보니 '나도 반려견이 있으면 더 많이 배울 수 있겠다'라는 생각이 들었습니다. 자동차도 없으니, 대형견은 감당하기 어렵고, 집에서 함께 지내려

대학 시절 분양받은 푸들 '하니'와 교육 중

면 털이 빠지지 않는 견종이 좋겠다 싶었죠. 또 푸들은 털이 계속 자라기 때문에 미용 연습도 할 수 있고, 훈련 공부에도 도움이 될 거로 생각했습니다.

전문 이론이나 방법이 따로 있나요

편 전문 이론이나 방법이 따로 있나요?

이 네, 반려견 훈련에도 전문적인 이론과 방법이 있어요. 몇 가지 대표적인 훈련 방법을 소개해 드릴게요.

• 루어링Luring

간식이나 장난감을 이용해서 강아지의 행동을 유도하는 방법이에요.

예를 들어 "앉아"를 가르칠 때, 손에 간식을 쥐고 위로 올리면 강아지가 고개를 올리면서 자연스럽게 엉덩이를 바닥에 대개 되죠. 이때 칭찬과 보상을 해주면서 동작을 알려주는 거예요.

그다음에는 "앉아"라는 명령어를 붙여 반복해 주고, 손동작이나 간식은 점점 줄여나가요. 결국엔 손짓이나 간식이 없어도 명령어만 듣고 앉을 수 있도록 하는 거죠. 이런 과정을 '페이딩Fading'이라고 불러요.

• 셰이핑Shaping

말 그대로 행동을 단계별로 만들어가는 방법이에요. 한 번에 하기 어려운 행동을 작은 단계로 나눠서 가르칠 때 쓰죠.

예를 들어 하우스 훈련을 해본다고 해요.

처음에는 하우스를 쳐다보기만 해도 칭찬과 보상을 해줍니다.

그다음엔 하우스 안에 간식을 넣어 강아지가 스스로 들어가도록 해요.

익숙해지면 들어가는 순간에 "하우스"라는 명령어를 붙여줍니다.

마지막에는 안에서 머무르는 시간을 늘리고, 문을 닫았다가 열어주는 연습을 하죠.

이렇게 단계를 밟아가며 완성하는 게 바로 셰이핑이에요.

• 캡처링Capturing

핸드폰 캡처처럼, 원하는 행동이 나왔을 때 '그 순간'을 잡아서 보상하는 방법이에요.

예를 들어 강아지가 우연히 엎드렸을 때 바로 칭찬하고 보상해 주면, 강아지는 '엎드리면 좋은 일이 생기는구나!' 하고 배우게 되는 거죠. 반복하다 보면 결국 명령어와 연결할 수 있어요.

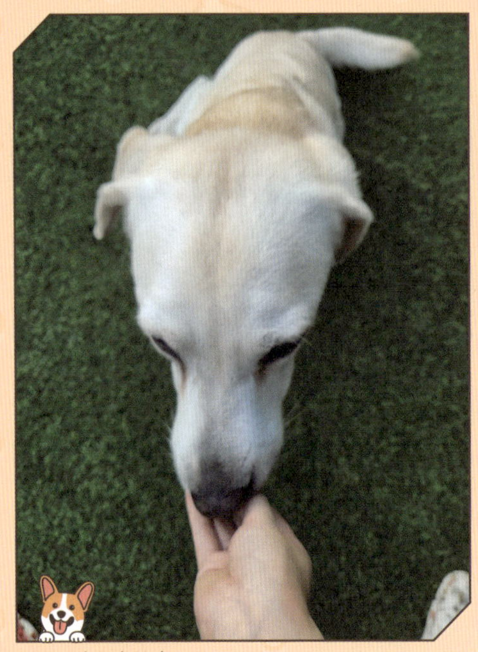

루어링 동작 시범

타겟팅 – 코를 손에 타겟하는 동작

특정 대상이나 신체 부위를 향해 움직이거나 터치하도록 하는 방법이에요. 보통 코나 발을 이용해 훈련하죠.

예를 들어 '인사'라는 동작에 대해 가르친다고 하면, 손에 간식을 쥐고 강아지가 코로 터치하게 한 뒤, 점점 손을 낮추면 강아지가 고개를 숙이는 동작이 나와요. 이걸 반복하면서 "인사"라는 명령어를 붙이고, 나중엔 손이나 간식이 없어도 말만으로 동작할 수 있게 되는 거예요.

이렇게 다양한 훈련 이론들이 있지만, 결국 중요한 건 강아지가 스스로 배우도록 도와주는 것이에요. 강요가 아니라 즐겁게 참여할 수 있는 환경을 만들어주는 게 가장 효과적이죠.

반려견 훈련의 역사를 알고 싶어요

 반려견 훈련의 역사를 알고 싶어요.

 반려견 훈련의 시작은 아주 실용적인 목적에서 출발했어요. 예전에는 강아지를 단순히 반려동물이 아니라, 사냥을 돕거나 집을 지키고(경비견), 전쟁에 참여하는 군견 같은 '일하는 동물'로 길렀거든요. 그래서 훈련도 생활 속 필요로 이루어졌고, 목적에 맞게 품종을 번식·개량해 왔습니다.

특히 1890년대부터 1920년대까지 훈련은 주로 군사용 복종 훈련이 중심이었어요. 이때는 강압적이고 명령 중심의 방식이 많이 사용됐습니다.

1910년에는 독일 장교 콘라드 모스트Conrad Most가 《Training Dogs》라는 책을 집필했는데, 여기서는 군사 목적에 맞춘 복종 훈련, 조건반사, 그리고 즉각적인 보상과 처벌을 강조했죠. 모스트의 접근은 개를 '기계' 혹은 '병기'처럼 다루는 방식이었고, 이후 수십 년 동안 전통적인 훈련법의 기초가 되었습니다.

1950년대부터 1970년대까지는 지금과는 많이 달랐어요. 당시에는 체벌이나 위압적인 방식이 중심이었고, 교정 교육에서도 초크체인 같은 도구를 많이 사용했습니다. 그래서 보호

《Training Dogs》(출처: Dog Wise 홈페이지)

자의 리더십, 위계질서를 강조하는 방식이 대중적으로 퍼졌죠.

그러다가 1980년대에 들어서면서 큰 변화가 찾아왔습니다. 예전의 훈련법이 복종과 체벌 위주였다면, 이제는 과학적이고 긍정적인 훈련 방식이 주목받기 시작한 거예요. 대표적으로 이안 던바Ian Dunbar라는 학자가 조작적 조건화에 기반한 긍정 훈련 철학을 대중에게 알리면서, 강아지 사회화 교육의 중요성을 강조했어요. 또, 원래 돌고래 훈련사였던 카렌 프라이어Karen Pryor가 《Don't Shoot the Dog!》라는 책을 내면서 클리커 트레이닝을 반려견 훈련에 도입했죠. 이 덕분에 '강압

《Don't Shoot the Dog》 (출처: 아마존)

보다 칭찬과 보상으로 가르친다'라는 긍정 강화 훈련이 널리 알려지게 됐습니다.

2000년대에 들어서면서 이런 흐름이 더 확산했습니다. 반려견이 단순한 '애완동물'이 아니라 가족 구성원으로 인식되면서, 훈련도 단순히 복종을 가르치는 게 아니라 보호자와 반려견이 서로 소통하고 신뢰를 쌓아가는 과정으로 발전했어요. 이안 던바와 카렌 프라이어가 강조한 긍정 강화 훈련법은 더 대중적으로 자리 잡았고, 클리커 트레이닝도 보편화되었습니다. 또 강아지마다 성격과 상태가 다르다 보니, 맞춤형 교육이 중요해졌고 다양한 훈련 도구와 기법도 계속 개발되고 있습니다.

반려견 훈련이 가장 발달한 나라는 어디인가요

편 반려견 훈련이 가장 발달한 나라는 어디인가요?

이 요즘은 전 세계적으로 훈련 수준이 많이 올라와서 한 나라만 꼽기는 조금 어렵습니다. 그래도 꼭 하나를 꼽자면, 저는 독일이라고 생각해요.

독일은 반려견 훈련 관련 국제 대회, 특히 IGP^{Internationale Gebrauchshunde Prüfungsordnung} 분야에서 오랜 역사와 전통을 갖고 있고, 지금도 국제적으로 큰 영향력을 가지고 있습니다. 재미있는 점은 IGP 훈련에서 쓰이는 명령어들이 전부 독일어라는 거예요. 워낙 독일에서 시작된 훈련 체계다 보니 국제 표준이 된 거죠. 그래서 세계 여러 나라의 훈련사들이 독일어를 사용해 교육하기도 합니다. 예를 들어, 사람이 왼쪽에서 걷게 하는 "따라"는 푸스^{Fuß}, "앉아"는 지츠^{Sitz}, "엎드려"는 플라츠^{Platz}라고 해요.

또 독일은 훈련 문화 자체도 굉장히 잘 발달해 있어요. '훈데슐레^{Hundeschule}'라고 해서 강아지 학교가 있는데, 보호자와 반려견이 함께 교육받는 게 의무화된 곳도 있습니다. 여기에서는 기본 명령어나 산책, 사회화 교육 등을 꼭 이수해야 하

독일 훈데슐레(훈련학교) 교육 현장 (출처: ZOO ROYAL)

고, 일부 지역에서는 아예 면허 시험을 통해 반려견의 교육
상태와 복지 상태까지 확인하기도 해요.

훈련은 어떤 과정으로 진행되나요

편 훈련은 어떤 과정으로 진행되나요?

이 위탁 교육은 먼저 교육 목표를 정하는 것부터 시작돼요.
기본예절 교육인 산책, 앉아, 엎드려, 기다려, 하우스, 배변
훈련 등이 포함되지만, 단순히 정해진 교육만 하는 건 아니
에요. 보호자와 상담하면서 특히 집중해야 할 부분을 함께
정하죠. 예를 들어, 분리불안이 있는 친구라면 '하우스'나 '기
다려'를 다양한 상황에서 연습하고, 배변이 고민인 경우라면
그 부분을 중점적으로 다루는 식이에요.

목표가 정해지면 그다음은 친화 과정이에요. 강아지와 시
간을 보내면서 어떤 걸 좋아하는지, 성향은 어떤지 파악하는
거죠. 같이 산책도 하고 놀아보면서 친해지는 과정을 먼저 가
져요. 아직 친해지지 않은 상태에서 곧바로 "앉아!" 같은 교
육을 하면 강아지가 거부감을 가질 수 있기 때문에, 무조건
처음부터 훈련을 시작하지는 않습니다.

친해지고 나면 본격적으로 훈련에 들어가요. 이때는 주로
간식이나 사료 같은 보상을 사용합니다. 강아지도 뭔가 '해야
할 이유'가 있어야 하잖아요. 여기서 중요한 건 보상의 타이밍
이에요. 강아지가 올바른 행동을 했을 때 바로 "옳지!" 같은

칭찬과 함께 보상을 줘야, 어떤 행동이 좋은 건지 정확히 배울 수 있습니다.

그리고 훈련의 첫 단계는 집중 훈련이에요. 조용한 공간에서 강아지가 저를 주목하게 하고, 눈을 마주치거나 바라볼 때 바로 칭찬과 보상을 해줍니다. 이 집중 훈련은 모든 교육의 기본이라서 정말 중요해요. 집중이 잘 되면 그다음에 앉아, 엎드려, 기다려, 하우스, 산책 같은 동작을 하나씩 차근차근 가르칩니다. 이 과정은 보호자와 강아지 모두에게 인내심이 필요한 시간이기도 해요. 자주 반복하고, 명확하게 알려주는 게 핵심이죠.

교육은 단순히 동작만 가르치는 게 아니에요. 산책도 하고, 놀이도 하고, 귀 청소나 발톱 정리 같은 기본 관리도 함께 진행합니다. 놀이를 좋아하는 친구라면 장난감을 활용해서 '노는 방법'을 알려주기도 해요.

또 중요한 게 환경 변화 훈련이에요. 특정 공간에서만 잘하면 안 되잖아요. 그래서 집, 훈련장, 외부 등 다양한 장소를 오가며 반복 훈련을 해줍니다.

그리고 어느 정도 익숙해지면 마지막 단계인 보호자 교육이 시작돼요. 강아지를 어떻게 컨트롤해야 하는지, 어떤 말투로 명령어를 줘야 하는지 등을 보호자가 직접 해볼 수 있도

하우스 교육 장면

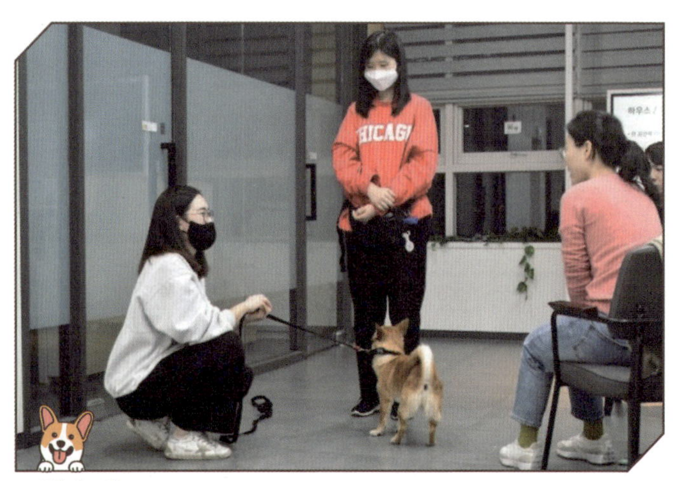

보호자 교육

록 알려드리죠. 왜냐하면 결국 강아지는 훈련사와 사는 게 아니라, 보호자와 평생 함께 살아가기 때문이에요.

마지막으로 보호자가 충분히 만족할 만큼 변화가 보이면 퇴소 과정을 밟게 됩니다.

결국 이 모든 과정은 단순한 훈련이 아니라, 강아지와 보호자가 함께 더 잘 살아가기 위한 준비 과정이라고 보시면 돼요.

훈련견이었던 '도도' 이야기를 해볼까 해요.

지금은 제 반려견이 된 도도지만, 처음 만난 건 제가 훈련소에서 일할 때였습니다. 그때 도도는 저에게 맡겨진 위탁 교육견이었죠.

도도의 보호자는 "성격은 좋은데 교육이 필요하다"라며 도도를 맡기셨어요. 도도는 '래브라도 리트리버'라는 견종인데, 시각장애인 안내견으로도 많이 알려진 친구죠. 입소 당시 도도는 태어난지 6개월 정도였는데, 사람을 좋아하고 먹성도 좋아서 에너지가 넘치던 강아지였습니다. 그런데 그 활발한 에너지가 보호자에게는 조금 버겁게 느껴졌던 것 같아요.

아직도 생생하게 기억나는 장면이 있어요. 도도가 입소한 지 얼마 되지 않았을 때였고, 교육 중이었습니다. 다른 강아지가 다가오자 도도가 확 달려가려 했고, 힘이 워낙 좋다 보니 제가 끌려간 적이 있었습니다. 그때 '성격은 참 좋지만, 보호자 혼자 제어하기에는 쉽지 않겠구나' 하는 생각이 들었죠.

도도는 워낙 성격이 좋아서 친화 과정은 어렵지 않았습니다. 그런데 저와 특별히 가까워진 계기가 있었어요. 사실 도도는 어릴 때 폐가 좋지 않아 네뷸라이저Nebulizer 치료를 매일 받아야 했습니다. 마침, 훈련소와 같은 건물에 동물병원이 있었고, 치료받는 동안은 제가 도도 곁을 지켜야 했어요. 하루 30분씩 도도를 안고 치료를 함께하다 보니, 자연스럽게 마음이 더 가까워졌던 것 같습니다.

치료와 친화 과정을 거친 뒤 본격적인 교육이 시작됐고, 저는 도도의 매력에 완전히 빠졌습니다. 도도는 제가 하려는 교육을 정말 빨리 이해했어요. 마치 모든 걸 그대로 흡수하는 스펀지 같았죠. 도도가 훈련소에 있는 동안 제 하루는 늘 도도와의 교육으로 시작될 정도였어요. 도도 역시 교육을 즐기고 저를 좋아했는지, 저를 정말 잘 따랐습니다.

도도는 '앉아', '엎드려' 같은 기본 교육은 물론, 장기 동작이나 프리스비 같은 심화 교육까지 빠르게 습득했어요. 보통

반려견이 되기 전 위탁견 시절의 '도도'

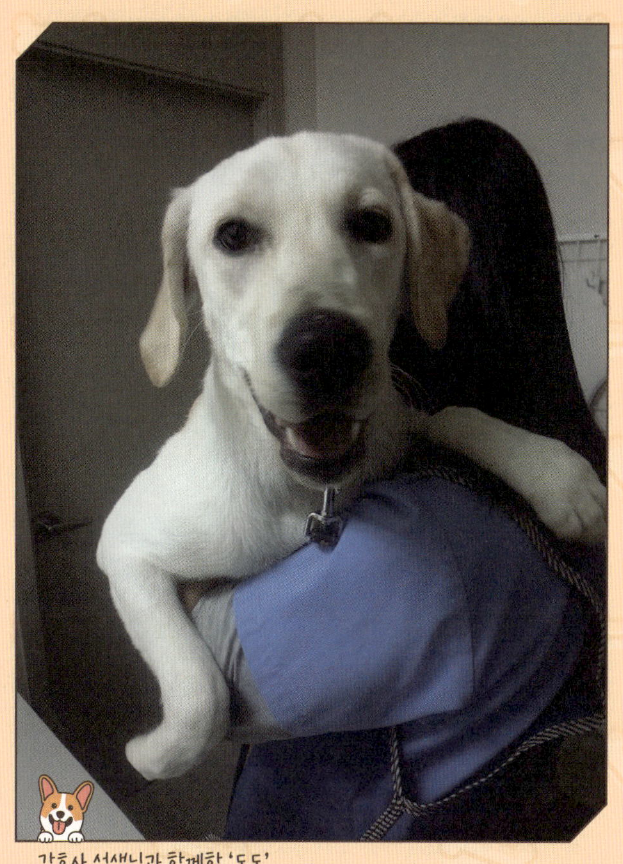

간호사 선생님과 함께한 '도도'

은 기본 교육을 충분히 익히고 나서 심화 교육으로 넘어가는
데, 도도는 배움의 속도가 남달랐습니다.

특히 인상 깊었던 건 보호자 면회 시간이었어요. 대부분
강아지는 보호자가 오면 반가움에 집중력이 흐트러지기 마
련인데, 도도는 달랐습니다. 오히려 저에게 먼저 달려오고, 교
육에 집중하려 했어요. 보호자도 "도도가 저보다 선생님을
더 좋아하는 것 같아요"라며 웃으셨던 장면이 아직도 기억납
니다.

이렇게 몇 개월 동안 도도와 동고동락하면서, 단계별 교육
을 차근차근 진행했답니다.

반려견 훈련은 앞으로 어떻게 변할까요

편 인공지능 시대에 반려견 훈련은 어떻게 변할까요?

이 사실 제가 반려견 훈련을 처음 시작했을 때는 지금처럼 영상 자료나 콘텐츠가 많지 않았어요. 반려견 훈련을 공부하려면 해외에서 책을 주문해 읽거나, 선배 훈련사들의 경험담을 직접 들으면서 배워야 했죠. 그런데 지금은 완전히 달라졌습니다. 인스타그램, 유튜브 같은 SNS와 영상 플랫폼 덕분에 원하는 훈련 방법이 있으면 검색만으로 바로 찾을 수 있어요. 저 역시 인스타그램을 통해 해외 훈련사들의 다양한 훈련 영상을 보고, 사람들이 공유하는 경험담이나 팁을 참고하기도 합니다. 이제는 전 세계의 반려견 훈련 방법과 정보를 손바닥 안에서 확인할 수 있는 시대가 된 거예요.

또 하나 큰 변화는 온라인 수업이에요. 예전에는 수업이 오직 대면으로만 이루어졌다면, 이제는 온라인 화상회의 프로그램을 활용한 원격 수업이 보편화됐습니다. 보호자들은 집에서도 실시간으로 훈련 지도를 받을 수 있고, 훈련사는 더 많은 사람과 쉽게 연결될 수 있죠. 덕분에 보호자들도 더 적극적으로 정보를 찾고 공부하면서 훈련에 참여하게 됐습니다. 그러다 보니 훈련사들도 더 깊이 있는 지식과 다양한 기

원격 수업 모습

술을 갖춰야 하고, 새로운 방법도 꾸준히 연구해야 합니다.

최근에는 반려견 교육에 대한 관심이 많이 늘어나면서 산업 자체도 확장되고 있습니다. 강아지 건강을 위한 운동이나 피트니스가 발전하고, 반려견과 함께하는 스포츠 대회가 늘어나면서 관련 축제와 용품전도 활발해졌어요. 다양한 지역

독스포츠 어질리티 종목 '위브폴'

에서 펫 페스티벌이나 펫페어가 열리며, 반려견 관련 문화가 대중화되고 있는 거죠.

결국 기술과 정보의 발달은 반려견 훈련뿐 아니라 반려동물 산업 전체를 발전시키고 있다고 생각합니다.

강아지 로봇이 나오는
이유는 무엇일까요

편 강아지 로봇이 나오는 이유는 무엇일까요?

이 반려견을 키우고 싶지만 여러 가지 이유로 실제 강아지를 키우기 어려운 사람들이 있어요. 예를 들어 아파트 규정 때문에 반려동물을 못 키운다든지, 알레르기가 있다든지, 집을 오래 비워야 해서 돌볼 시간이 부족하다든지 하는 경우죠. 이럴 때 강아지 로봇이 대안이 될 수 있습니다.

사실 강아지를 키우는 건 큰 책임이 따르는 일이에요. 끼니에 맞춰 사료를 챙겨줘야 하고, 배변을 치워야 하고, 발톱 정리나 미용 같은 기본적인 돌보기도 해줘야 하죠. 사료나 용품 구매비, 미용비, 정기적인 병원비까지 생각하면 경제적 부담도 커집니다. 돌봄이 부족하면 강아지도 스트레스를 받습니다. 장시간 혼자 지내면 우울해지거나 무기력해지고, 심하면 분리불안까지 생기기도 하죠.

특히 독거노인이나 아이들처럼 외로움을 쉽게 느끼는 분들에게 강아지 로봇은 좋은 대안이 될 수 있어요. 강아지 로봇이 우울감을 완화해 주고, 혼자 있는 시간을 덜 외롭게 만들어 주거든요.

요즘 강아지 로봇은 단순한 장난감을 넘어서 실제 반려견 훈련의 보조 역할까지 하기도 합니다. AI 기술이 발전하면서 사람의 목소리에 반응하고, 기본 명령어를 인식하거나, 춤을 추고 이름을 부르면 반응하는 등 놀이와 교육 기능을 갖춘 로봇들이 나오고 있어요.

게다가 단순히 반려 역할뿐 아니라 서비스나 탐지견의 역할을 대체하기도 합니다. 예를 들어 보스턴 다이내믹스Boston Dynamics의 '스팟Spot' 같은 군용 로봇견은 위험한 지역을 정찰하거나 구조 활동에 실제로 활용되고 있습니다.

반려견 시장, 문화는 어떻게 변할까요

편 반려견 시장, 문화는 어떻게 변할까요?

이 반려견을 키우는 인구가 늘어나고 문화가 달라지면서, 많은 변화가 일어나고 있어요.

먼저 시장적인 측면을 보면, 반려견을 위한 사료나 간식 같은 먹거리에 대한 관심이 정말 많아졌습니다. 예전보다 훨씬 다양한 리드줄과 장난감들이 쏟아져 나오고, 자동 급식기 같은 편리한 기기도 등장했어요.

특히 요즘은 '개모차'라고 불리는 강아지 전용 유모차가 눈에 띄게 늘었죠. 반려견과 함께 아웃렛이나 백화점에 가는 사람들이 많아지면서, 산책길에서도 개모차를 밀고 다니는 모습을 쉽게 볼 수 있답니다.

반려견 교육 분야도 많이 달라졌어요. 요즘은 온라인으로 들을 수 있는 강의가 생기기도 했고, 또 SNS나 유튜브 같은 콘텐츠를 통해서 반려견 훈련을 쉽게 접할 수 있죠. 저도 최근에는 원격 수업을 통해 학생들에게 반려견 훈련사라는 직업을 소개하고 있답니다.

요즘은 반려견 관련 직업도 정말 다양해졌어요. 예전엔 상상도 못 했던 '강아지 화장장'이 생기기도 하고, '강아지 장례

강아지 전용 유모차 (개모차)

반려견 축제 행사 포스터

지도사'라는 직업도 생겨났죠. 또 강아지 옷을 직접 디자인 하는 '펫 의류 디자이너'라는 직업도 인기를 끌고 있습니다.

반려견을 바라보는 문화도 크게 달라졌습니다. 과거에는 강아지를 마당에 묶어두고 산책조차 제대로 시켜주지 않는 경우가 많았어요. '집을 지키는 동물'이라는 인식이 강했기 때문에 '경비견'이라는 표현을 썼죠. 또 '애완견'이라는 말은 장난감처럼 즐긴다는 의미가 강했는데, 지금은 '반려견'이라는 표현을 씁니다. 반려견은 인생의 동반자, 가족, 형제자매 같은 존재라는 뜻이에요. 그래서 요즘은 보호자 대부분 반려견을 가족처럼 생각하는 '펫팸족'이라는 말이 등장했죠. 이런 인식 변화가 반려견의 동물복지 수준을 높이는 중요한 기반이 되고 있습니다.

건강 관련 산업도 빠르게 발전하고 있어요. 강아지 재활을 위한 한방치료, 수중 재활치료 같은 전문적인 관리가 이미 이루어지고 있답니다. 또 강아지와 함께하는 스포츠도 점점 대중화되고 있어요. 예전엔 일부 대회만 있었는데, 지금은 프리스비나 어질리티 같은 독 스포츠가 많이 알려졌고, 많은 지역에서 반려견 축제와 행사가 열리고 있습니다.

앞으로는 「동물보호법」도 더 강화될 거예요. '반려견 등록제'가 이미 시행 중인데, 장차 교육도 의무화될 가능성이 커

요. 독일의 '훈데슐레'처럼 반려인이 반드시 교육받아야 강아
지를 키울 수 있는 제도가 생길 수도 있죠. 저는 우리나라에
도 이런 제도가 빨리 도입되면 좋겠다고 생각해요. 반려견과
사람이 함께 배우고 성장하는 문화가 만들어지면 훨씬 더 건
강하고 행복한 반려 문화가 자리 잡을 수 있겠지요.

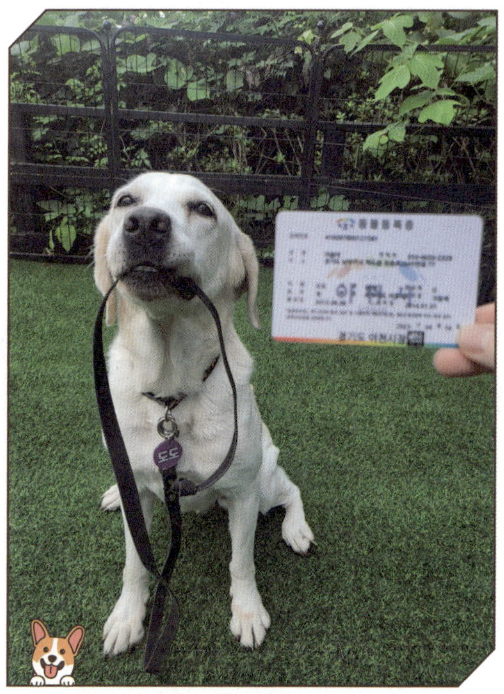

반려견 '도도'의 인식표와 동물 등록증

DOG
TRAINER

반려견
훈련사의 세계

<h2 style="text-align:center">반려견 훈련과 연관이 깊은 직업군은
무엇인가요</h2>

 반려견 훈련과 연관이 깊은 직업군은 무엇인가요? 어떤 분들을 많이 만나세요?

 아무래도 강아지를 교육하는 직업이다 보니, 강아지와 관련된 여러 직업과 밀접한 연관이 있습니다.

가장 먼저 떠오르는 직업은 수의사예요. 수의사는 동물의 질병이나 부상을 예방하고, 진단하고, 치료하는 일을 하죠. 강아지가 건강해야 교육도 제대로 이뤄질 수 있기 때문에 훈련사와 수의사는 항상 연결되어 있다고 볼 수 있습니다.

저도 현장에서 일하다 보면 수의사를 자주 만나게 돼요. 특히 건강과 훈련은 따로 떨어질 수 없는 부분이어서 서로

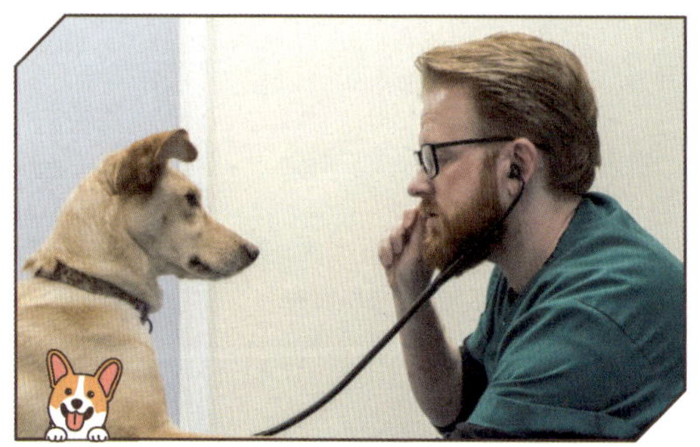

수의사 (출처: Vet Partners)

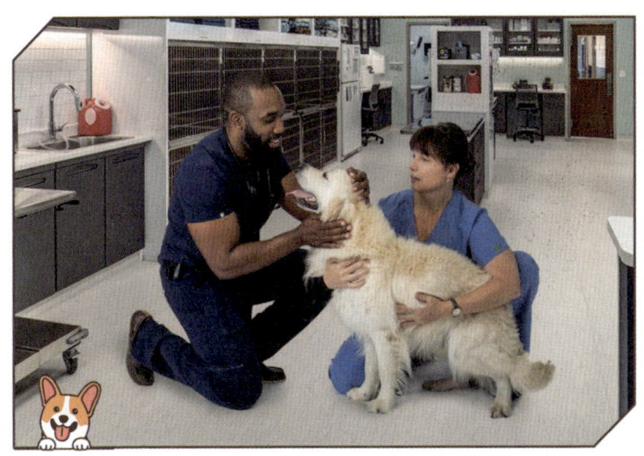

수의테크니션 (출처: Rare Breed)

정보를 나누고 협력할 때가 많습니다.

두 번째 직업은 수의테크니션Veterinary Technician, 요즘은 동물보건사라고 부르죠. 쉽게 말해서 동물병원에서 일하는 간호사라고 생각하면 돼요. 수의사의 지도 아래에서 동물을 간호하거나 진료를 보조하는 일을 맡습니다.

최근에는 국가 자격증인 동물보건사 자격증이 생겨서, 이 자격증을 따려면 전문 학과인 '반려동물 보건과' 같은 곳에서 공부해야 해요.

세 번째 직업은 바로 애견미용사예요.

애견미용사는 강아지의 털을 가위나 클리퍼(이발기)로 다듬고, 발톱 정리나 귀 청소 같은 기본 관리를 해주는 일을 해

애견미용사 (출처: Smart Bark)

요.

애견미용사 교육 과정에서는 강아지 품종별 특성과 털·피부 관리 방법을 배우고, 귀 청소·발톱 관리·위생 미용 같은 기초 관리 기술부터 가위 컷·클리퍼 컷 같은 전문적인 기술까지 익히게 되죠.

현재는 '애견미용사', '반려견 스타일리스트'라는 이름으로 민간 자격증이 있어요. 보통 관련 교육기관이나 미용학원에서 교육받거나, 대학에서 전공 과정을 통해 배우기도 합니다.

네 번째 직업은 도그쇼 핸들러예요. 아마 조금 생소하게 느껴질 수도 있을 거예요.

핸들러라는 직업을 이해하려면 먼저 '견종'에 대해 알아야 해요. 예전에는 견종마다 맡았던 역할이 달랐습니다. 어떤 견종은 양을 지키는 양치기견, 또 어떤 견종은 집을 지키는 경비견, 또 어떤 견종은 단순히 반려견으로 사람 곁에 있었죠. 이렇게 강아지들이 했던 일과 특징에 따라 견체, 즉 강아지 몸의 표준을 정리해 놓은 책이 있는데, 이걸 '견종 표준서'라고 불러요.

도그쇼란 이 견종 표준에 맞는 아름답고 건강한 강아지를 선발하는 대회예요. 이 대회에서 심사 위원에게 강아지를 직접 보여주고, 그 매력을 제대로 드러내는 사람이 바로 도그쇼 핸들러입니다.

그런데 핸들러가 단순히 강아지를 보여주기만 하는 건 아

도그쇼 핸들러 (출처: American Kennel Club)

니에요. 강아지가 대회에서 돋보일 수 있도록 꾸준히 운동을 시키고, 털을 가진 견종은 털을 관리해 주며, 심사 위원 앞에서 예쁘게 설 수 있도록 '머무르는 자세'를 반복해서 훈련합니다. 이 모든 과정을 전문적으로 맡는 직업이 도그쇼 핸들러랍니다.

핸들러도 다른 반려견 관련 직업처럼 민간 자격증이 있고, 관련 대학이나 교육기관에서 배울 수 있어요.

훈련 순서를 알고 싶어요

편 훈련 순서를 알고 싶어요.

이 앞에서 훈련 과정에 대해 짧게 말씀드렸는데, 이번엔 구체적인 예를 들어 설명해 드릴게요.

1. 가장 먼저 하는 건 친화 과정입니다. 강아지와 친해지는 시간을 갖는 거죠. 교육은 친밀함을 바탕으로 해야 하므로, 처음엔 산책하거나 간식을 주며 강아지가 저에게 마음을 열 수 있도록 시간을 보냅니다. 이때는 강아지가 싫어하는 행동이나 무리한 요구를 하지 않으려고 해요. 아직 친해지지 않은 상태에서 억지로 교육하면 거부감이 생기거든요.

2. 강아지가 저에게 마음을 열면, 그다음은 집중 훈련을 시작합니다. 강아지가 저를 바라볼 때마다 칭찬하고 보상을 주면서, '나를 보면 좋은 일이 생긴다'라는 걸 알려주는 거예요. 예를 들어 제가 "편집자님이 저를 볼 때마다 만 원을 드릴게요"라고 하면, 계속 저를 보시겠죠? 강아지도 똑같아요. 저를 볼 때마다 보상이 주어지면 저를 바라보는 게 습관이 됩니다.

이때 사람이 약간의 도움을 주기도 합니다. 뒷걸음질을 치면 강아지가 자연스럽게 저를 따라오거든요. 강아지는 사람이 다가가면 도망가지만, 반대로 뒤로 물러나면 따라오는 습성이 있어요. 이렇게 따라오다 보면 앞에서 앉는 순간이 있는데, 그 타이밍에 바로 칭찬과 보상을 해주죠. 이 과정이 집중 교육의 기본입니다. 나중에는 '이리 와'라는 명령어로 발전하기도 하고요.

3. 집중이 잘 되면 본격적으로 루어링Luring을 알려줍니다. 손에 간식을 쥐고 손을 움직이면 강아지가 손을 따라오는데, 그 과정을 통해 동작을 배웁니다. 예를 들어 손을 위로 올리면 엉덩이가 내려가면서 '앉아'가 되고, 손을 아래로 내리면 '엎드려'가 되는 거죠. 산책 교육은 왼손을 이용해 강아지가 제 왼쪽에서 걷도록 유도하면서 한 걸음씩 연습해 나갑니다. '기다려'는 앉기나 엎드리기가 오래 유지될 때 자연스럽게 이어지는 교육이에요.

4. 이렇게 기본 동작을 익히면, 다양한 환경에서 반복 연습을 합니다. 집 안뿐만 아니라 사람이 많은 곳, 낯선 장소 등 여러 환경에서 같은 명령어가 통하도록 하는데, 이를 '일반화'

라고 해요. 한 장소에서만 잘하면 소용없거든요.

5. 마지막 단계는 보호자와 함께 연습하는 겁니다. 결국 강아지는 훈련사보다 보호자와 평생을 함께하기 때문에, 보호자가 직접 강아지를 컨트롤할 수 있어야 해요. 그래서 명령어를 주는 말투나 타이밍까지 보호자와 함께 훈련해 가며 마무리합니다.

편 업무 강도는 어떤가요?

이 어디에서 일하느냐에 따라 조금씩 다르지만, 전반적으로 업무 강도는 높은 편이에요. 아무래도 살아있는 강아지를 돌본다는 건 쉽지 않고, 그만큼 큰 책임감이 따르거든요.

훈련 과정 자체도 움직임이 많고, 또 말 못 하는 강아지에게 명령어를 인지시키려면 수많은 연습과 반복이 필요합니다. 저도 훈련소에서 근무할 때 좁은 실내보다 넓은 실외 운동장에서 훈련을 많이 했는데, 여름에는 아무리 선크림을 발라도 까맣게 타는 건 기본이었고, 땀을 많이 흘리다 보니 항상 얼음물이나 얼음 커피를 달고 살았던 기억이 있어요. 그 와중에도 동료 훈련사들과 시원한 음료를 나눠 마시는 게 소소한 재미였죠. 반대로 겨울에는 추위와 싸워야 했습니다. 영하 날씨에도 실외에서 훈련해야 해서 너무 추웠는데, 특히 추운 날엔 허기가 져서 점심에 밥 두 공기를 먹었던 기억도 있네요.

근무시간은 보통 9시부터 6시까지지만, 강아지 컨디션에 따라 저녁까지 이어지거나 주말 근무가 생기는 경우도 많아요. 주말에는 보호자 면회가 많다 보니 평일에 휴무를 가지는 경우가 많고, 어떤 곳은 주 6일 근무를 하기도 합니다. 휴일도 붙여서 쉬기보다는 따로따로 쉬는 경우가 많고요. 그래서 정해진 시간보다 더 일하는 경우가 잦은 편이에요.

훈련에 사용하는 다양한 도구들이 궁금해요

편 훈련에 사용하는 다양한 도구들이 궁금해요.

이 네, 대표적인 10가지를 소개해 드릴게요.

첫 번째는 목줄이에요. 목에 착용하고 리드줄을 연결해서 쓰죠. 인식표를 달기도 하고요. 과거에는 초크체인을 많이 썼지만, 요즘은 버클형 목줄을 더 많이 사용해요. 재질도 다양해서 나일론, 가죽, 방수 실리콘 등의 목줄까지 있어요.

두 번째는 리드줄이에요. 목줄, 하네스, 젠틀리더 등에 연

목줄, 리드줄, 롱리드, 일체형 리드

결해서 산책이나 교육 시 강아지를 안전하게 통제하는 줄이
죠. 끝에는 고리가 달려 있어서 목줄에 쉽게 연결할 수 있어
요. 길이도 다양해서 보통 1~2m를 많이 쓰고, 5m나 10m처
럼 긴 건 '롱리드'라고 부릅니다. 목줄과 리드줄이 하나로 합
쳐진 일체형도 있지만, 교육할 때는 보통 목줄과 리드줄을 따
로 사용하는 경우가 많습니다.

세 번째는 초크체인이에요.

강아지가 초크체인을 착용하고 멀어지면 체인이 조여지고,
가까워지면 자연스럽게 풀리는 구조라서 훈련에 사용되곤
했습니다. 크기에 따라 '초크체인', '미디움 체인'으로 부르는
데, 요즘은 거의 사용하지 않는 편이에요.

초크체인을 사용할 때는 특히 주의해야 해요. 고리의 방향
이 강아지 위치에 따라 달라지거든요. 예를 들어 강아지가
사람의 왼쪽에 있다고 하면, 고리가 아래쪽으로 가도록 걸어
야 제대로 작동합니다. 반대로 고리가 위로 가면 체인이 계속
조여져서 강아지 목이 압박될 수 있기 때문에, 반드시 올바
른 사용법을 알고 써야 해요.

네 번째는 간식이에요.

간식은 훈련에서 보상으로 꼭 필요한 도구예요. 사용할 때
는 몇 가지 주의할 점이 있는데, 딱딱한 것보다는 먹기 좋은

초크체인

말랑한 간식을 준비하는 게 좋아요. 또 크기도 한입에 바로 먹을 수 있을 정도로 작게 준비해야 훈련에 바로 집중할 수 있답니다.

　그리고 교육할 때는 간식이 모자라지 않도록 충분히 챙겨야 해요. 마지막으로 중요한 점 하나! 간식은 닭고기, 연어, 오리, 돼지고기 등 다양한 원료로 만들어지는데, 강아지에게 알레르기가 없는지 꼭 확인해야 해요. 강아지가 건강해야 훈련도 제대로 받을 수 있으니까요.

　다섯 번째는 훈련 조끼예요.

　훈련 조끼는 말 그대로 훈련할 때 쓰기 편하게 만들어진 조끼예요. 가장 큰 특징은 여러 가지 물건을 넣을 수 있도록 주머니가 많이 있다는 거예요. 앞주머니 양쪽에는 보통 간식을 넣고, 뒷주머니에는 장난감을 넣을 수 있게 되어 있죠. 필요할 때는 위쪽 주머니에 훈련용 공을 넣어 두기도 해요.

　여섯 번째는 터그예요.

　터그는 강아지와 훈련할 때 쓰는 장난감이에요. 물고 당기거나 던져주면서 강아지와 함께 놀이하듯 교육할 수 있도록

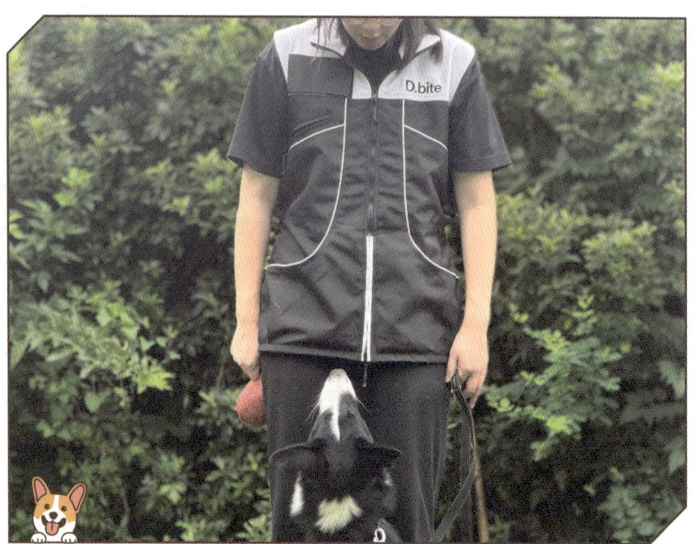

훈련 조끼

다양한 형태의 터그

만들어졌죠. 순면이나 황마 같은 다양한 재질로 되어 있고, 강아지에 맞게 크기도 여러 가지가 있어요.

일곱 번째는 공이에요.

터그랑 비슷하게, 공도 강아지에게 던져주거나 물고 오게 하면서 놀이하듯 훈련할 수 있는 장난감이에요. 줄이 달린 공은 멀리 던져줄 수도 있고, 강아지랑 줄다리기 놀이(터그 놀이)도 할 수 있어서 교육할 때 자주 쓰여요. 재질은 고무, 가죽 등 다양하고, 크기도 여러 가지라 강아지 입 크기에 맞는 걸 골라 사용하면 됩니다.

다양한 형태의 공

자석공 사용법 (조끼에 자석 부착 후 공을 붙여 사용)

덤벨 (재질과 크기 다양)

여덟 번째는 덤벨이에요.

덤벨은 회수 훈련을 위해 쓰는 도구예요. 회수 훈련이란, 사람이 던진 물건을 강아지가 물고 돌아오게 하는 훈련을 말하죠. 덤벨 모양은 우리가 아는 아령과 비슷하게 생겼어요. 재질은 플라스틱, 나무 등 다양하고 무게도 여러 종류가 있어서 강아지의 성향과 체격에 맞는 걸 골라 사용하면 돼요.

아홉 번째는 하네스예요.

하네스는 목에 줄을 묶지 않고 가슴 부분에 고정하는 장치라서 흔히 '가슴줄'이라고도 불러요. 목에 압박이 가지 않기 때문에 특수 훈련에서 많이 쓰입니다. 예를 들어 캐니크로스(강아지와 함께하는 마라톤)나 IGP 훈련 같은 경우죠. 또 반려견이 건강 문제로 목에 무리가 가면 안 될 때도 하네스를 사용해요.

다만 목줄보다 목에 자유를 주는 구조라서 강아지를 컨트롤하기는 조금 어려운 편이에요. 그래서 보호자들이 산책할

하네스

때 많이 쓰기도 하지만, 강아지가 흥분을 잘하거나 컨트롤이 어려운 경우에는 오히려 산책이 힘들어질 수 있어서 주의가 필요합니다.

열 번째는 클리커예요.

클리커는 강아지 교육에 사용하는 작은 도구인데,

클리커

버튼을 누르면 '딸깍'하는 일정한 소리가 나요. 이 소리를 칭찬 대신에 사용하는 거죠. 클리커의 가장 큰 장점은 사람마다 달라질 수 있는 말투 대신 항상 똑같은 소리로 칭찬 신호를 줄 수 있다는 거예요. 또 정확한 타이밍에 눌러줄 수 있어서 교육 효과를 높이는 데 많이 활용됩니다.

훈련에 실패한 경험이 있나요

편 훈련에 실패한 경험이 있나요?

이 사실 훈련에서 '실패'라고 하는 건 대부분 보호자의 기대치나 교육 기준에 맞지 않았을 때를 말해요. 강아지들은 대체로 교육을 통해 많이 변화하고 발전하지만, 정작 보호자가 만족하지 못하면 실패라고 볼 수 있죠.

예전에 진돗개를 맡은 적이 있었는데, 약 4개월 정도 교육을 진행했어요. 기본 교육은 열심히 진행했고, 강아지도 잘 따라왔는데, 문제는 보호자 교육이었어요. 퇴소 후 실제로 함께 생활하는 분은 할머니셨는데, 교육은 자녀분이 대신 받으셨거든요. 그러다 보니 막상 집에서는 할머니께서 컨트롤을 전혀 못하셨어요. 게다가 진돗개나 그레이트 피레니즈처럼 덩치 큰 견종은 체력적으로 제어하기도 쉽지 않았죠.

이 과정에서 제가 느낀 건, 보호자들이 흔히 착각하는 부분이에요. '교육만 받으면 강아지가 완전히 달라질 거다'라는 생각이죠. 하지만 진짜 중요한 건 훈련소 교육 이후에 보호자가 변해야 하고, 보호자가 강아지를 직접 컨트롤할 수 있도록 꾸준히 연습해야 한다는 점이에요. 결국 교육은 강아지와 보호자가 함께 바뀌는 과정이니까요.

훈련으로 반려견이 크게 바뀐 경험이 있나요

편 훈련으로 반려견이 크게 바뀐 경험이 있나요?

이 네, 제 반려견 중에 '순대'라는 친구가 있어요. 갈색 털에 눈이 굉장히 매력적인 아이인데요.

순대의 엄마가 유기견이었는데, 예기치 못하게 새끼를 낳게 됐어요. 제가 순대를 데려오게 된 건, 잘 교육해서 좋은 보호자를 찾아주기 위해서였죠. 그런데 차를 타고 데려오는 길에 멀미해서 소변, 대변에 구토까지… '내가 괜히 데리고 온 건가…' 하는 생각까지 했던 기억이 납니다.

하지만 집으로 데려와 교육을 시작하고 조금씩 시간을 보내다 보니, 순대는 사료와 간식도 잘 먹고 운동 능력도 뛰어난 정말 멋진 강아지였어요. 훈련사들이 말하는 '훈련성이 좋은 강아지'였던 거죠. 교육에 진심이고 욕심도 있는 데다 몸도 사리지 않는 친구라, 결국 프리스비 중에서도 '프리스타일'까지 할 수 있는 단계로 성장했습니다. 지금은 기본 교육은 물론, 프리스타일까지 배우는 독 스포츠 선수로 활동하고 있고요. 재작년에는 대회에 나가 상도 받았답니다.

처음에는 좋은 주인을 찾아주겠다는 마음으로 데려왔는데, 지금은 제 프리스비 파트너가 된 소중한 반려견이에요.

'순대'를 처음 만난 날

순대의 대회 수상

훈련사로서 특별히 조심하는 게 있나요

편 훈련사로서 특별히 조심하는 게 있나요?

이 네, 조심하는 부분들이 몇 가지 있어요. 가장 우선인 건 강아지의 안전이에요. 교육하는 동안에는 다치지 않고 수업을 마칠 수 있도록 정말 신경 씁니다. 만약 강아지가 다치면 교육 시간이 줄어들기도 하고, 무엇보다 믿고 맡겨주신 보호자들이 마음 아프잖아요. 그래서 생명을 다루는 일인 만큼 항상 책임감을 느끼고, 긴장을 늦추지 않으려 합니다. 매일 출근할 때도 속으로 '오늘도 강아지들이 아무 일 없이 잘 지냈으면 좋겠다'라고 생각하면서 하루를 시작해요. 강아지는 말할 수 없어서, 작은 신호도 놓치지 않도록 세심하게 관찰하는 게 정말 중요하답니다. 관찰을 잘못하면 강아지가 아픈 걸 놓칠 수도 있고, 심하면 물림 사고로 이어질 수도 있거든요.

또 교육적인 측면에서는 강아지가 처음 경험하는 상황들이 최대한 즐겁고 긍정적인 기억으로 남을 수 있도록 노력해요. 다른 강아지를 만나거나 새로운 사람을 접하는 경우, 그리고 장애물을 넘는 순간에도 두려움이 생기지 않게 천천히

순대의 원반 놀이

단계별로 익히도록 합니다. 만약 두려움이 생기면 그걸 극복하는 데 훨씬 시간이 오래 걸리고, 강아지도 사람도 힘들어지거든요. 그래서 '처음 경험'은 늘 긍정적으로 만들어주는 게 가장 중요해요.

좋은 훈련사와 나쁜 훈련사의
차이가 있나요

편 좋은 훈련사와 나쁜 훈련사의 차이가 있나요?

이 좋은 훈련사는 강아지마다 가진 특징을 잘 파악하고, 그 성향에 맞게 교육해 줄 수 있는 사람이에요. 기본적인 훈련 방법은 정해져 있지만, 모든 강아지가 똑같지 않잖아요. 그래서 개체마다 다른 방식으로 접근해야 하며, 급하게 서두르지 않고 강아지가 천천히 배워갈 수 있도록 기다려주는 게 중요합니다. 이렇게 맞춰주면 강아지도 훈련사를 신뢰하고 잘 따라오게 돼요.

반대로 나쁜 훈련사는 강아지의 상태를 고려하지 않고 무조건 훈련을 진행하는 사람이에요. 컨디션이나 성격을 무시하고 무리한 요구를 하면 강아지가 따라가지 못하죠. 그러다 보면 교육이 잘 안되고, 훈련사가 감정적으로 힘들어질 수도 있는데, 그 불편한 감정이 강아지에게 전해지면 결국 상처는 강아지가 받게 됩니다.

_편 훈련사도 반려견이 무서울 때가 있나요?

_이 네, 사실 많습니다. 교육하다 보면 물거나 짖는 강아지를 자주 만나게 되거든요. 물론 훈련사니까 교육은 하지만, 저 역시 무는 강아지를 좋아하진 않아요.

예전에 위탁 교육하던 '로트와일러' 강아지가 있었습니다. 이름은 레오였는데, 4개월 정도 기본 교육을 받으러 왔던 친구예요. 아직 어린 강아지였지만 로트와일러 특성상 덩치가 매우 컸습니다. 당시 저는 막내 훈련사라 배변 정리와 케이지 관리를 맡았는데, 레오는 케이지에 들어가는 걸 싫어했어요. 안 들어가려고 저를 보며 크게 짖었는데, 그때는 정말 무섭더라고요. 덩치 큰 강아지가 저를 향해 짖으니 '혹시 물리면 얼마나 아플까?' 하는 생각이 들었죠. 겉으로는 의연한 척, 단호한 척했지만, 속으로는 긴장의 연속이었습니다.

훈련사도 간혹 물리기도 해요. 저 역시 몇 번 경험했는데, 강아지가 의도치 않게 물어도 상당히 아픕니다. 강아지 전용 껌을 한번 깨물어본 적이 있는데 이빨 자국만 남고 도저히 깨지지 않더라고요. 그런 걸 씹는 강아지를 보면 '저게 내 손

로트와일러 (출처: 나무위키)

이라면…' 하고 생각이 들 때도 있습니다. 그래서 더 꼼꼼히 관찰하고, 예방하려고 노력합니다.

특히 방문 훈련에 가면 짧은 시간에 강아지를 파악해야 하잖아요. 첫 만남에 많이 짖고 흥분한 친구들을 만나면 속으로는 물릴까 봐 걱정이 되기도 합니다. 다행히 방문 교육 중에 물린 적은 없었지만, 언제든 사고가 날 수 있다는 긴장감을 늘 가지고 있어요.

반려견의 마음을 이해하는 비결이 궁금해요

편 반려견의 마음을 이해하는 특별한 노하우가 궁금해요.

이 저는 관찰을 많이 해요. 강아지 마음을 알기 위해서는 말 대신 보내는 신호를 잘 읽어야 하거든요. 예를 들어 꼬리를 위로 흔드는지, 아래로 내리며 흔드는지, 아니면 꼬리를 바짝 세우는지에 따라서 기분이 다릅니다. 또 내는 소리나 작은 움직임도 중요한 힌트가 돼요.

털을 세운다거나, 몸을 앞으로 숙였다가 물러난다거나, 뒷다리를 뒤로 빼는 행동, 입술을 씰룩이며 으르렁거리는 모습 등 이런 것들을 꼼꼼히 보다 보면 강아지가 불편한지, 긴장했는지, 즐거운지를 알 수 있죠.

이렇게 강아지들이 몸으로 표현하는 감정의 신호를 '카밍 시그널'Calming Signal이라고 합니다. 강아지 마음을 이해하려면 이 신호들을 세심하게 관찰하는 게 가장 큰 비결이라고 할 수 있어요.

카밍시그널 (출처: 동물행동심리연구소 폴랑폴랑)

훈련사가 되길 잘했다고 느끼는 순간은 언제예요

편 훈련사가 되길 잘했다고 느끼는 순간은 언제예요?

이 사실 그런 순간이 참 많아요. 몇 가지를 꼽아보자면, 첫 번째는 훈련을 통해 강아지가 변하는 모습을 볼 때예요. 제가 하는 교육을 통해 강아지가 점점 달라지는 모습을 보면 정말 보람을 느끼죠. 특히 보호자들이 그 변화를 함께 느끼고 기뻐하는 모습을 볼 때는 뿌듯함이 두 배가 됩니다.

많은 훈련사가 교육 중 가장 어려운 부분으로 '배변 교육'을 꼽는데요, 꾸준한 습관 형성이 필요해서 신경을 많이 써야 하는 과정이에요. 예전에 '나무'라는 골든 리트리버 친구가 있었는데, 6개월 된 수컷으로 배변 교육 때문에 입소했어요. 어리다 보니 신경을 많이 썼고, 어느 정도 익숙해지자 다양한 환경에서 배변판을 사용하며 연습을 시켰습니다. 그렇게 훈련을 이어가다 보니 퇴소할 때는 실수 없이 잘 올라가서 배변할 수 있었고, 나중에 보호자가 연락해서 "집에서도 실수하지 않고 배변을 잘 가린다"라는 이야기를 했을때 정말 뿌듯했답니다.

또, 훈련을 맡으면서 보호자와 강아지에 대해 깊이 대화를 나누고, 보호자가 점점 강아지를 잘 이해하고 스스로 컨트롤할 수 있게 되는 과정을 볼 때도 "내가 훈련사가 되길 정말 잘했구나"라는 생각이 들었어요.

예전에 '또별이'라는 포메라니안을 교육한 적이 있는데, 보호자가 저희 어머니 또래였거든요. 면회 때마다 훈련 과정을 보여드리면 너무 좋아하셨고, 또별이를 자식처럼 아끼셨던 분이라 교육 이야기를 들려드리면 늘 즐거워하셨던 게 기억에 남습니다. 이렇게 강아지와 보호자 모두가 행복해지고, 그 과정마저 즐거워해 주실 때 저는 제 일이 정말 자랑스럽습니다.

처우와 복지는 어떤가요

 처우와 복지는 어떤가요?

 솔직히 말씀드리면, 다른 업계와 비교했을 때 처우와 복지가 좋은 편은 아니에요. 다만 근무하는 직장에 따라 차이가 큽니다.

급여 수준을 보면 초봉은 보통 최저임금 수준에서 시작하는 경우가 많고, 전문직이다 보니 경력이 쌓일수록 월급이 올라가긴 합니다. 하지만 능력과 역할에 따라 편차가 큰 편이에요.

근무 환경은 대체로 주 5일, 하루 9시간 근무가 기본인데 실제로는 이보다 더 일하는 경우가 많습니다. 휴무도 넉넉하진 않고요. 특히 훈련소에서 근무하면 주말에 보호자 면회가 많기 때문에 주말이나 공휴일에 쉬기가 쉽지 않아요. 반면 유치원 형태의 근무는 주말 휴무를 보장해 주는 경우도 있습니다.

복지 부분도 사업장마다 차이가 큽니다. 지금은 대부분 4대 보험이 보장되고 정식으로 고용하는 경우가 많지만, 예전에는 보험 없이 현금으로 월급을 받는 경우도 흔했고, '기술을 알려줄 테니 월급을 적게 준다'라는 식의 일명 '열정페이' 형태도 많았습니다.

훌륭한 훈련사가 되기 위해
특별히 노력하는 게 있나요

편 훌륭한 훈련사가 되기 위해 특별히 노력하는 게 있나요?

이 저는 훈련 관련 영상이나 자료를 많이 찾아봐요. 강아지 훈련은 정해진 정답이 있는 게 아니에요. 강아지 성격에 따라 훈련 방식이 다르거든요. 그래서 똑같은 방법을 모든 강아지에게 적용하는 건 옳지 않다고 생각해요. 그래서 여러 자료를 찾아보기도 하고, 영상을 보면서 공부를 꾸준히 하고 있습니다.

사실 학창 시절엔 공부를 좋아하는 편은 아니었는데, 훈련만큼은 지금도 계속 배우려고 노력하고 있어요. 최근에는 '탐지 훈련'을 공부하고 있어요. 사람의 체취를 찾는 과정을 배우고 싶어서 세미나에 참여했고, 실제로 강아지에게 직접 훈련을 시켜보고 있답니다.

또 훈련할 때 영상을 찍어서 제 훈련 과정을 다시 보면서 부족한 부분은 없는지 확인하기도 해요. '다음 훈련 때는 이렇게 해봐야겠다' 하고 스스로 피드백도 하고요. 이렇게 계속 찾아보고 배우면서 훈련의 방향성을 찾아가고 있어요.

외국과 우리나라의 훈련 방식에 차이가 있나요

편 외국과 우리나라의 훈련 방식에 차이가 있나요?

이 외국과 우리나라의 훈련 방법 자체가 크게 다르진 않아요. 기본 원리는 같지만, 아무래도 외국은 훈련의 역사가 오래되다 보니 교육법이나 노하우가 훨씬 다양하게 발전해 왔습니다. 그래서 한국 훈련사들도 국제세미나를 통해 최신 기법을 많이 배우고 있어요.

가장 큰 차이는 '인식'과 '교육 체계'에서 나타납니다. 외국은 강아지를 키우려면 보호자가 먼저 교육받아야 하고, 어떤 나라들은 아예 시험을 통과해야 반려견을 키울 수 있도록 법으로 정해 놓기도 했습니다. 또 퍼피 클래스나 사회화 프로그램이 잘 자리 잡혀 있어서, 강아지와 보호자가 함께 배우고 교감하는 문화가 당연하게 여겨집니다. 독 스포츠도 굉장히 활발하고요.

반면 우리나라는 문제 행동이 생긴 이후에 교정 교육받는 경우가 많았어요. 사회화 개념이 부족했던 거죠. 하지만 요즘은 많이 달라지고 있습니다. 퍼피 클래스, 기본 사회화 교육, 산책 교육 같은 프로그램이 점점 늘어나고 있고, 독 스포츠에 대한 관심도 점점 높아지고 있어요.

편 훈련사의 일과가 궁금해요.

이 시간대별로 말씀드릴게요.

오전 9시

먼저 강아지들을 배변장으로 데려가요. 이때 강아지들이 어디 아프진 않은지, 변 상태가 정상적인지 꼼꼼히 확인합니다. 변만 봐도 건강 상태를 알 수 있거든요. 동시에 다른 훈련사는 강아지가 잤던 켄넬이나 잠자리를 정리하고 담요도 갈아줍니다.

오전 9시 30분

강아지들 아침 식사를 챙겨줘요. 식욕도 건강의 중요한 지표라서 밥을 잘 먹는지, 남기진 않는지 확인합니다. 교육을 앞둔 강아지는 밥양을 조금 줄여두고, 훈련 시간에 간식을 활용하기도 해요.

오전 10시 ~ 정오(12시)

위탁 교육을 맡은 강아지는 보통 5~10마리 정도 되는데 각

개체의 특성과 상태에 따라 개별 맞춤 교육을 진행합니다. 교육에 앞서 강아지의 배변 상태를 확인한 뒤 진행하는 경우도 있고요. 설정된 교육 목표에 따라 훈련을 실시하고, 교육을 마친 후에는 장에서 충분히 휴식을 취하도록 합니다. 이후 다음 강아지의 교육으로 넘어갑니다. 이러한 방식으로 점심 시간 전까지 순서대로 한 마리씩 교육을 진행하죠.

정오 12시
훈련사들의 점심시간이에요. 보통 근처 식당에서 먹거나, 바쁠 땐 배달을 시켜 먹기도 합니다.

훈련소 근무 당시에 교육을 담당했던 반려견들

오후 1시

다시 전체 배변 시간을 갖고, 컨디션을 확인합니다.

오후 1시 30분 ~ 오후 6시

오전과 마찬가지로 각 강아지의 진도에 맞춰 교육을 진행해요. 교육뿐 아니라 산책이나 놀이도 병행하면서 강아지들이 지루하지 않게 합니다.

오후 6시 이후

저녁 식사를 챙기고 마지막 배변 확인을 합니다. 그리고 빗질, 양치, 간단한 건강 체크 같은 보살피기를 해주며 일과를 마무리합니다.

존경하는 인물이 있나요

편 존경하는 인물이 있나요?

이 저는 일본의 프리스타일 선수 야치 히라이를 존경합니다. 60대의 나이에도 여전히 프리스타일 선수로 활동하고 있는데, 꾸준히 운동하며 자기관리를 하는 모습이 정말 인상적이에요.

프리스타일은 강아지와 사람이 함께 움직이고, 많은 체력이 필요한 종목인데요. 실제로 히라이 선수는 60대임에도 불구하고 국가 예선을 거쳐 세계대회에서 젊은 선수들을 제치고 우승할 만큼 뛰어난 기량을 보여줍니다.

저는 아직 30대지만, '내가 60대가 되었을 때도 저렇게 할 수 있을까?' 하는 생각이 들 때가 있어요. 사실 프리스타일 한 프로그램을 처음부터 끝까지 하려면 생각보다 정말 힘들거든요. 강아지와 호흡이 잘 맞으려면 많은 훈련과 시간이 필요하기도 하고요.

게다가 프리스타일은 강아지의 운동 능력, 사람의 던지기 스킬, 호흡, 캐치력 등을 기준으로 여러 심사 위원이 평가합니다. 심사 위원의 눈에도, 보는 관객의 눈에도 모두 잘 보여야 높은 점수를 받을 수 있죠.

프리스비 선수와의 만남 – 좌: 코스케 히라이, 우: 야치 히라이

보통 운동선수라면 전성기가 지난 나이인데, 그 나이에도 챔피언 자리를 지키고 있다는 건 정말 대단한 일이라고 생각합니다.

가장 행복할 때는 언제예요

[편] 가장 행복할 때는 언제예요?

[이] 강아지와 함께하는 시간은 언제나 행복해요. 그중에서 제일 좋아하는 순간은 훈련할 때입니다. 요즘은 '순대'라는 친구와 프리스비 교육을 하고 있는데, 새로운 동작을 하나씩 배워갈 때마다 "오늘도 하나 더 해냈다!" 하는 뿌듯함이 정말 커요.

여름철엔 훈련보다는 강아지들과 함께 수영장에 가곤 해요. 제가 키우는 반려견이 여섯 마리인데, 모두 데려가진 못하지만 수영을 못하던 아이가 조금씩 배우고, 나중엔 스스로 물에 들어가 척척 수영하는 모습을 보면 정말 흐뭇합니다.

훈련뿐만 아니라 이렇게 놀면서 보내는 시간도 너무 소중해요. 수영을 마치고 돌아가는 길, 지쳐서 차에 올라타는 강아지들을 보면 제 몸은 피곤해도 '오늘도 정말 즐겁게 놀았구나' 싶어서 마음이 뿌듯해집니다.

수영 중인 쿠키 · 로또 · 도도

수영 후 운동장에서 뛰노는 '가을이'

앞을 보지 못했던 시추 '복실이'

이 일을 그만두고 싶다고 느낀 적이 있나요

편 이 일을 그만두고 싶다고 느낀 적이 있나요?

이 힘든 순간은 당연히 있었죠. 사실 훈련사 일을 하면서 체력적인 한계를 많이 느끼기도 했고, 정말 그만둘지 고민했던 적도 여러 번 있었습니다.

가장 힘들었던 시기는 동고동락하던 강아지들을 하늘로 보냈을 때예요. 그중에 특히 기억에 남는 건 '복실이'와 '막내'라는 친구입니다.

복실이는 장기 호텔에 맡겨져 있던 시추였는데, 앞이 보이지 않는 아이였어요. 보호자가 일을 하셔서 집을 자주 비우다 보니, 낮 동안 외롭지 않게 지내도록 저희에게 맡기신 거였죠. 나이가 많은 노령견이었는데, 산책할 때는 부딪히지 않도록 제가 이름을 불러주며 천천히 걷곤 했습니다. 하지만 나이가 많다 보니 함께할 수 있는 시간이 길진 않았어요. 결국 복실이가 세상을 떠났을 때 정말 큰 허무함과 슬픔을 느꼈습니다.

막내는 제 반려견이었어요. 마리노이즈라는 견종인데, 보통 경찰견으로 많이 키우는 만큼 에너지가 넘치는 게 특징이에요. 그런데 막내는 그런 성향과 달리 차분한 성격을 가진 친구였죠. 훈련사로서 보면 훈련성이 아주 뛰어난 편은 아니었지만, 워낙 귀여운 외모와 매력이 있었던 아이예요.

막내는 탐지 훈련을 하던 강아지였습니다. 코를 정말 잘 쓰는 친구였거든요. 사실 탐지 훈련을 시작하게 된 계기도 재미있어요. 제가 장난삼아 안대를 씌워주고 바닥에 사료를 흩어뒀는데, 보통 강아지라면 안대를 먼저 벗으려고 했을 거예요. 그런데 막내는 그러지 않고 냄새를 맡아가며 사료를 하나하나 다 찾아 먹는 거예요. 그 모습을 보고 '아, 이 친구는 탐지가 적성이다!'라는 생각이 들었죠. 그래서 본격적으로 탐지 훈련을 시작했고, 실제로 풀숲에 숨겨둔 시약(특정 냄새가 나는 샘플)을 잘 찾아내곤 했습니다.

탐지 교육 중인 말리노이즈 '막내'

그런데 어느 날 견사에 '켄넬코프'라는 전염병이 돌았어요. 막내도 컨디션이 좋지 않아 약을 먹이고 집에 갔는데, 다음 날 아침에 보니 세상을 떠나 있었어요. 정말 큰 충격이었죠. 아무리 힘들어도 '강아지를 좋아하니까 할 수 있는 일'이라고 생각하며 버텨왔는데, 그렇게 소중한 친구를 잃고 나니 마음이 너무 힘들고 견디기 어려웠습니다.

직업병이 있을 것 같아요

편 직업병이 있을 것 같아요.

이 네, 있어요. 제가 교육할 때 쓰는 명령어를 일상 대화에서 무심코 쓰곤 해요. 예전에 수업하는 학생에게 "기다려"라고 말했다가 학생들이랑 같이 크게 웃었던 기억도 있네요. 지금은 제 딸이 네 살인데, 아이에게도 그런 말을 제일 많이 쓰는 것 같아요.

또 강아지를 오래 상대하다 보니, 저만의 직업병이 생겼어요. '강아지 한정 겁쟁이'가 되는 거죠. 다른 사람보다 강아지의 신호에 훨씬 민감하게 반응하다 보니, 상황을 예측하고 행동하는 경우가 많아요. 예를 들어 카페나 공원에 강아지를 데리고 가면, 다른 강아지를 만나는 경우가 있는데요. 그때 상대 강아지의 표정, 몸짓, 꼬리 움직임을 보면서 혹시 모를 상황을 미리 대비하곤 합니다. 싸움이나 다치는 일이 생기지 않게 하기 위해서죠. 강아지로서는 조금 답답할 수 있지만, 무엇보다 안전이 최우선이니까요.

스트레스는 어떻게 해소하세요

편 스트레스는 어떻게 해소하세요?

이 아무래도 일이 고되고 힘들다 보니 스트레스가 쌓이는 경우가 많아요. 저는 스트레스를 잘 푸는 게 정말 중요하다고 생각합니다. 내가 스트레스를 풀지 못하면, 그 영향이 강아지에게도 고스란히 전해지거든요. 그래서 쉬는 날에는 일부러라도 스트레스를 해소할 수 있는 시간을 가지려고 해요.

처음 일을 시작했을 때는 친구들이랑 같이 취직했었는데요, 일이 너무 힘들거나 소장님께 혼난 날에는 서로의 사정을 아니까 같이 맛있는 저녁을 먹고, 다독여주고, 이런저런 이야기를 나누면서 풀곤 했습니다. 그런데 시간이 지나 친구들이 일을 그만두면서 저도 다른 방법을 찾아야 했죠.

저는 움직이는 걸 좋아해서 볼링을 배우기 시작했어요. 점수가 잘 안 나오면 속상하기도 하지만, 공을 던지고 핀이 시원하게 쓰러지는 소리를 들으면 그 순간만큼은 스트레스가 확 풀리더라고요. 이렇게 저 자신을 돌보는 시간이 있어야 강아지와 보호자들에게도 더 좋은 에너지를 줄 수 있다고 생각합니다.

훈련사를 하다가 이직하면 어디로 가나요

 훈련사를 하다가 이직하면 어디로 가나요?

 보통 두 가지로 나뉘어요.

첫 번째는 강아지와 관련된 다른 직업으로 이직하는 경우예요. 강아지는 좋아하지만, 훈련사 업무가 체력적으로 힘들거나 본인과 잘 맞지 않을 때 이런 선택을 하죠.

두 번째는 아예 다른 분야로 이직하기도 하는데 사실은 대부분 강아지 관련 직업으로 옮기는 편이에요. 그만큼 반려견 관련 일에 대한 책임감과 애정이 크기 때문이죠.

그중에서도 가장 많이 선택하는 직업은 수의테크니션(동물병원 간호사)이에요. 훈련사로 일하다 보면 보호자들이 강아지 교육뿐 아니라 발톱 정리, 귀 청소 같은 기본 관리나 건강 관련 질문을 많이 하거든요. 이런 경험이 동물병원 업무와도 잘 맞아떨어지다 보니 이쪽으로 이직하는 경우가 많습니다. 또 애견 미용 관련 분야로 가는 경우도 종종 있고요.

영화나 소설 등의 작품을 추천해 주세요

편 사람과 반려견이 함께하는 영화나 소설 등의 작품을 추천해 주세요.

이 저는 영화 〈베일리 어게인〉을 추천하고 싶어요.

이 영화는 강아지와 보호자의 관계에 대해 깊이 생각해 보게 만드는 작품이에요.

이야기의 주인공은 '베일리'라는 강아지인데, 무려 네 번이나 환생하면서 생애마다 다른 보호자를 만나고, 또 이별을 겪습니다. 첫 번째 생에서는 어린 소년 '이든'과 함께 농장에서 행복하게 지내다가 나이가 들어 세상을 떠나죠. 두 번째 생에서는 경찰견 '엘리'로 태어나 임무를 수행하다가 죽음을 맞이합니다. 세 번째 생은 웰시코기 '티노'로 태어나 대학생 마야와 함께하면서 즐겁게 지내지만, 가족 같은 반려견 '록시'를 먼저 떠나보내고 결국 자신도 생을 마감합니다. 그리고 네 번째 생에서는 '와플스'라는 이름으로 태어나 힘든 시간을 보내다가, 결국 익숙한 냄새를 따라 '이든'의 농장으로 돌아가요. 나이가 든 '이든'은 이 강아지를 '버디'라고 부르며 다시 함께 살게 되고, 베일리는 과거의 묘기를 보여주면서 자신이 예전의 '베일리'임을 알리죠.

영화 《베일리 어게인》 포스터 (출처 : 네이버)

저는 이 장면이 정말 인상 깊었어요. 환생해서도 결국 첫 보호자인 '이든'을 찾아가 함께하는 '베일리'의 모습은, 반려견과 사람의 관계가 얼마나 깊고 특별한지 다시금 깨닫게 해 줍니다. 영화를 보면서 저 역시 제 강아지들과의 관계를 떠올리게 되었고, "언젠가 다시 만날 수 있을까?"라는 생각도 들었답니다.

이 작품은 단순히 강아지의 삶을 그리는 게 아니라, 사람과 반려견이 서로의 인생에서 어떤 의미인지를 진하게 느끼게 해주는 영화예요. 반려견 훈련사로서도, 또 반려인으로서도 꼭 추천해 드리고 싶은 작품입니다.

DOG
TRAINER

반려견 훈련사가 되는 방법

훈련사가 되는 다양한 방법을
알려 주세요

편 훈련사가 되는 다양한 방법이나 과정을 알려주세요.

이 우선 훈련사가 되려면 자격증을 취득하며 공부하는 방법이 있어요. 민간 자격증도 있고 국제 자격증도 있는데, 이런 과정을 통해 개의 행동학이나 훈련학, 관리학 등을 배우면서 실제 업무에 큰 도움을 받을 수 있죠.

국내에는 '반려동물행동지도사'라는 국가 자격증이 있어요. 농림축산식품부 주관으로 2024년부터 시행됐고, 매년 1회 열립니다. 1차 필기시험은 8월쯤, 2차 실기시험은 필기 합격자를 대상으로 9~11월에 치러지는데요, 실기시험은 본인 명의나 직계가족 명의로 등록된 반려견과 함께 응시해야 해요. 자격증과 관련된 세부 사항은 매년 규정이 달라질 수 있으니 정확한 내용은 공식 홈페이지에서 직접 확인하는 것이 좋습니다.(반려동물행동지도사 자격정보시스템 https://apms.epis.or.kr)

이 외에도 한국애견연맹 훈련사 자격증, 한국애견협회 반려견지도사 자격증, 반려견행동교정사, 반려동물관리사 같은 민간 자격증도 있습니다. 해외 자격증으로는 KPA-CTP^{Karen} Pryor Academy-Certified Training Partner가 있는데, 클리커를 이용한 긍정 강화 중심의 교육과정이에요.

그렇다고 자격증이 꼭 있어야 훈련사가 되는 건 아니에요. 현장에서 직접 일하면서 경험을 쌓고 나중에 자격증을 취득하는 경우도 많습니다. 애견 훈련소나 유치원에서 일하면서 위탁견이나 교육견을 직접 관리하고, 보호자 교육을 해보는 경험이 가장 큰 공부가 되거든요.

또 대학이나 전문 아카데미 과정을 통해 준비하기도 합니다. 대학은 2~4년 과정으로 기초 지식을 폭넓게 배우고, 다양한 분야를 접할 수 있다는 장점이 있어요. 전문 아카데미는 보통 4~6개월의 집중 교육으로 이론과 실습을 함께 배우고 자격증을 취득하는 방식인데, 깊이 있는 이론은 다소 부족할 수 있지만 기간이 짧고 바로 현장 투입이 가능하다는 장점이 있죠.

마지막으로 IGP나 오비디언스(복종훈련), 독 스포츠 같은 전문 훈련을 하는 클럽에서 배우는 방법도 있어요. 실제로 훈련사들이 많이 거치는 과정 중 하나랍니다.

반려견 훈련사가 된 계기가 무엇인가요

편 반려견 훈련사가 된 계기가 무엇인가요?

이 사실 어릴 때 강아지를 정말 좋아했는데, 어머니께서 강아지를 키우는 걸 좋아하시지 않으셔서 끝까지 키우지 못했어요. 그래서 늘 아쉬움이 남았고, 강아지에 대한 미련이 컸습니다. 그러다 대학 원서를 넣을 때 동물보호 계열에 지원했는데, 운 좋게 합격하게 되었죠. 사실 그때는 훈련사가 되겠다는 뚜렷한 목표보다는 '관심 있는 걸 한번 배워보자' 하는 마음이 더 컸습니다.

대학 생활을 하다 보니, 강아지와 함께 수업을 들을 수 있다는 게 정말 큰 매력이었어요. 견사도 주어지고, 수업을 통해 직접 반려견과 생활할 수 있었죠. 그때 푸들 '하니'라는 친구를 분양받았는데, 같이 지내면서 확신이 더 생겼습니다.

대학에서는 전공을 실험 동물, 애견 미용, 애견 훈련으로 나누는데, 2학년 때 전공을 선택하면서 저에게 가장 잘 맞는 길이 훈련사라는 걸 알게 됐습니다. 강아지와 함께 놀기도 하면서 동시에 교육도 할 수 있다는 게 정말 매력적이었고, 그때부터 훈련사의 길을 걷게 되었습니다.

어떤 학교, 어떤 과에 진학해야 하나요

[편] 어떤 학교, 어떤 과에 진학해야 하나요?

[이] 보통은 반려동물과, 반려동물 산업과, 애완동물과, 동물 보호 계열 같은 이름을 가진 학과에 진학해야 해요. 요즘은 관련 학과를 개설한 대학도 많이 늘어났습니다. 애견훈련사가 되고 싶어서 대학 진학을 생각한다면, 꼭 그 학과에 훈련학이나 동물 훈련 관련 수업이 있는지를 먼저 확인해 보는 게 좋아요.

'보건'이라는 이름이 들어간 학과는 보통 수의테크니션(동물보건사)을 양성하는 경우가 많고, '자원'이라는 이름을 가진 학과는 대체로 생물학 중심의 수업이 많습니다. 그래서 수업 내용을 꼼꼼히 확인하고 지원하는 게 중요하죠.

대표적으로는

디지털서울문화예술대학교 반려동물학과(서울)

연성대학교 반려동물산업과(안양)

서정대학교 반려동물과(양주)

동원대학교 반려동물과(곤지암)

국제대학교 반려동물학과(평택)

오산대학교 반려동물관리과(오산)

신안산대학교 반려동물과(안산)

연암대학교 동물보호계열(천안)

우송대학교 반려동물학부(대전)

이렇게 여러 학교가 있습니다. 진학을 고민할 땐 단순히 학과 이름만 보지 말고, 내가 배우고 싶은 '훈련' 관련 수업이 실제로 있는지 꼭 확인하는 게 좋아요.

채용 및 시험 정보는 어디에서 확인하나요

편 채용 및 시험 정보는 어디에서 확인하나요?

이 채용 정보를 찾을 수 있는 대표적인 사이트는 두 군데가 있어요. 바로 '도루스'와 '펫잡스'라는 포털 사이트예요. 이곳에서 반려동물 관련 직업 채용 공고를 확인할 수 있습니다.

www.dorus.co.kr

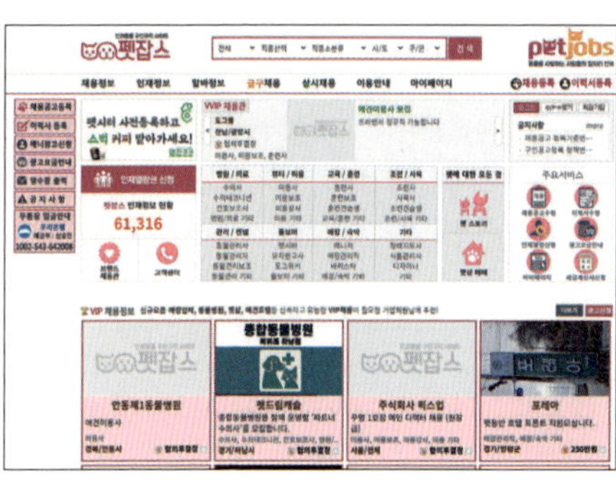

petjobs.co.kr

그리고 국가자격증인 '반려동물행동지도사'는 2024년에 처음 시행되었어요. 시험은 1차 필기와 2차 실기로 나뉘어 있습니다.

1차 필기시험은 총 5과목, 100문항으로 구성돼 있고 객관식 사지선다형이에요.

문항당 5점, 과목당 100점 만점 기준입니다.

① 반려동물 행동학 (20문항)

② 반려동물 관리학 (20문항)

③ 반려동물 훈련학 (20문항)

④ 직업윤리 및 법률 (20문항)

⑤ 보호자 교육 및 상담 (20문항)

2차 실기시험은 본인 명의나 직계가족 명의로 등록된 반려견과 함께 응시해야 합니다. 자세한 내용은 '반려동물행동지도사 자격정보시스템'(https://apms.epis.or.kr)에서 확인할 수 있습니다.

학창 시절에 잘해야 하는 과목이나 분야가 있나요

편 학창 시절에 잘해야 하는 과목이나 분야가 있나요?

이 훈련사는 단순히 강아지 교육만 하는 사람이 아니라, 강아지의 건강과 심리까지 다각도로 이해해야 하는 전문가예요. 그래서 학창 시절에 몇 가지 과목을 잘해두면 훈련사 공부에 큰 도움이 됩니다.

첫 번째는 과학, 특히 생물 과목이에요. 강아지의 신체 구조나 발달 과정을 이해하는 데 꼭 필요하죠. 훈련만 하는 게 아니라 건강이나 관리 상태를 파악해야 하니까, 생물학적인 지식이 있으면 훨씬 도움이 됩니다.

두 번째는 체육이에요. 훈련사는 활동량이 많고, 때로는 대형견을 컨트롤해야 하니까 체력이 정말 중요합니다. 특히 독 스포츠 같은 분야는 사람의 운동능력도 큰 비중을 차지하거든요.

세 번째는 영어입니다. 지금은 국내 서적도 많아졌지만, 여전히 해외 훈련 자료나 영상이 훨씬 풍부해요. 영어를 잘하면 최신 정보를 빠르게 접할 수 있고, 국제 자격증 과정을 준비할 때도 훨씬 수월합니다.

학교 과목 외에 도움이 되는 분야로는 심리학도 추천하고 싶어요. 강아지 교육의 원리가 사실 '학습 원리'와 연결돼 있어서, 심리학을 알면 행동 교정이나 보호자 상담할 때 훨씬 효과적으로 설명할 수 있습니다.

취업에 유리한 자격증이 있을까요

편 취업에 유리한 자격증이 있을까요?

이 네, 현재 훈련사 자격증은 크게 국가자격증과 민간자격증으로 나눌 수 있어요. 국가자격증은 '반려동물행동지도사' 자격증이고, 민간자격증은 한국애견연맹 '훈련사' 자격증, 한국애견협회의 '반려견지도사' 자격증 등이 있습니다.

지금까지는 민간자격증이 훈련사를 대표하는 자격증 역할을 해왔는데요, 작년부터 국가자격증인 반려동물행동지도사 자격증이 새로 생겼습니다. 그래서 앞으로는 이 국가자격증의 영향력이 점점 더 커지지 않을까 생각합니다.

	반려동물행동지도사	훈련사	반려견지도사
주관사	농림축산식품부	(사)한국애견연맹	(사)한국애견협회
자격등급	1급, 2급	사범, 1등, 2등, 3등	사범, 1급, 2급, 3급
응시자격	18세 이상인 사람	세부 내용은 등수에 따라 다름	고등학교 졸업 이상 또는 이와 동등한 학력이 있는 자
시험과목	1차 필기시험 2차 실기시험	1차 필기시험 2차 실기시험	1차 필기시험 2차 실기시험
합격기준	1차 필기 전과목 평균 60점 이상, 2차 실기 60점 이상	등수에 따라 다름	100점 만점 중 60점 이상

대학을 졸업하지 않아도 될까요

편 대학을 졸업하지 않아도 될까요?

이 네, 실무 중심이라면 수습 과정이나 아카데미 과정을 거쳐서도 충분히 훈련사가 될 수 있습니다. 실제로 고등학교를 졸업하고 바로 훈련소나 유치원에 취업해서 배우는 분들도 있고, 클럽 활동을 통해 스카우트되어 일하는 경우도 있어요.

대학에 가지 않으면 학위 과정에 드는 2~4년의 기간과 비용을 절약할 수 있고, 실전 경험을 빠르게 쌓을 수 있다는 장점이 있습니다. 다만 이론적인 부분은 따로 공부하는 노력이 필요합니다. 기초 지식이 없으면 '구명조끼 없이 바다에 뛰어드는' 느낌이 들 수도 있거든요.

반대로 안정적이고 장기적인 경력을 원한다면 학위가 큰 도움이 됩니다. 일부 기관에서는 학위를 가진 사람을 우선 채용하거나 선호하기도 하고, 실제로 '전문학사', '학사', '석사' 기준을 채용 요건에 명시하기도 합니다. 또 학위나 자격증은 보호자 상담을 할 때 전문성을 보여주는 근거가 되기도 하죠.

그리고 대학에서는 같은 꿈을 가진 친구들을 만나 평생

함께할 동료가 될 수도 있습니다. 이런 네트워크는 훈련사로
성장하고 협업하는 데 큰 힘이 됩니다.

어떤 사람이 훈련사가 되면 좋을까요

 어떤 사람이 훈련사가 되면 좋을까요?

 사실 다른 것보다 제일 중요한 건 강아지를 좋아하는 마음이에요. 하지만 단순히 좋아하는 것만으로는 부족합니다. 강아지를 정말 잘 돌볼 수 있는 책임감이 필요하죠.

또 관찰력이 뛰어난 사람이라면 잘 맞아요. 강아지는 아프거나 컨디션이 좋지 않을 때 직접 말로 표현할 수 없어서, 작은 변화도 세심하게 살펴줄 수 있어야 합니다.

그리고 인내심도 꼭 필요합니다. 말하지 못하는 강아지를 교육하려면 같은 동작을 여러 번 반복해야 하고, 강아지가 이해할 때까지 끈기 있게 기다려야 하거든요.

체력도 무척 중요합니다. 산책, 놀이, 기본 동작 교육, 문제 행동 교정까지 훈련사는 늘 몸을 움직여야 하죠. 체력이 떨어지면 강아지도 바로 영향을 받기 때문에, 훈련사가 좋은 에너지를 유지하는 게 정말 필요합니다.

또 하나, 소통 능력이에요. 많은 분이 훈련사는 강아지만 상대한다고 생각하는데, 사실 보호자와의 대화가 훨씬 중요합니다. 보호자가 교육 내용을 정확히 이해하고, 집에서도 꾸준히 실천해야 효과가 있기 때문이죠.

마지막으로, 배움에 열려 있는 태도가 필요합니다. 반려견 교육은 계속 발전하고 있기 때문에, 훈련사도 끊임없이 공부하고 성장해야 해요.

이렇게 이야기하다 보니, 강아지를 좋아하는 마음 하나만으로 되는 일은 아니고, 정말 다양한 능력이 필요한 직업이네요.

이 일이 맞지 않는 사람은 누구일까요

 이 일이 맞지 않는 사람은 누구일까요?

 강아지를 좋아하지 않거나 무서워하는 사람은 이 일을 하기가 많이 힘들 거예요. 훈련사는 작은 강아지뿐 아니라 덩치 큰 강아지도 다뤄야 하는데, 두려움이 있다면 교육 과정에서 한계가 바로 드러나거든요.

또 체력이 부족한 사람도 어려움을 겪습니다. 몸을 많이 쓰고 에너지를 쏟아야 하는 일이 많아요. 체력이 뒷받침되지 않으면 강아지에게 즐겁고 일관된 교육을 제공하기 힘들고, 결국 교육의 질도 떨어질 수 있습니다.

사람과의 소통 능력도 아주 중요합니다. 보호자와 잘 이야기하고 함께 교육할 수 있어야 해요. 실제로 강아지랑은 잘 지내는데 사람과 대면하거나 대화하는 걸 힘들어하는 분들은 이 일을 오래 하기가 어렵습니다.

특히 훈련사 초반에는 강아지 보살핌 위주로 일을 하지만, 경력이 쌓이면 보호자와 직접 상담하고 소통하는 시간이 점점 많아져요. 이때 사람과의 관계에서 어려움을 겪으면 금방 한계를 느낄 수 있습니다.

결국 강아지 훈련사는 강아지에 대한 애정, 충분한 체력,

그리고 사람과의 소통 능력이 모두 갖춰져야 오래 할 수 있는 직업이라고 생각해요.

청소년기에 어떤 경험을 하면 좋을까요

편 청소년기에 어떤 경험을 하면 좋을까요?

이 강아지를 키우고 있다면 직접 기본 보살핌(발톱 정리, 귀 청소, 기본 클리핑)과 기본예절 교육을 해보면 정말 좋아요. 실제로 일을 하다 보면, 자기 반려견을 키워본 사람이 강아지 보살핌도 잘하고, 강아지를 컨트롤하는 능력도 뛰어난 경우가 많거든요. 몸으로 직접 익혀보는 게 제일 큰 도움이 돼요.

만약 강아지를 키울 수 없는 상황이라면 간접적으로라도 경험해 보면 좋습니다. 예를 들어 유기견 보호소에서 봉사 활동을 하면서 산책을 시켜주거나, 목욕을 도와주는 것도 좋은 경험이 되고, 주변 친구나 지인의 강아지를 돌봐주는 것도 하나의 방법이에요.

또, 미리 공부해 두는 것도 큰 도움이 됩니다. 관련 서적을 읽으면서 관리 방법이나 교육 방법을 알아두면 실제로 현장에서 훨씬 수월하게 배울 수 있거든요.

그리고 요즘은 청소년들을 위한 진로 수업도 종종 개설돼요. 저도 교육청에서 주관하는 '학점인정형 프로그램'을 맡아 8주 동안 강아지 관리법, 빗질과 기본 교육, 독 스포츠 교육 등을 수업한 적이 있습니다. 이론만 배우는 게 아니라, 실제

도우미견들과 함께 실습도 했는데 학생들이 정말 즐겁게 참
여했어요.

결국 중요한 건 경험이에요. 직접 해보는 만큼 배움이 크거
든요.

고등학생 대상 학점인정형 수업 — 도우미견 '태풍이'와 함께

도움이 되는 책을 추천해 주세요

 청소년에게 도움이 되는 책을 추천해 주세요.

 제가 꼭 추천하고 싶은 책이 있어요. 바로 《개, 어떻게 가르쳐야 하는가(소피아 잉, 2015)》라는 책이에요.

소피아 잉은 수의학을 전공했고, 동물 행동과 훈련 연구 프로젝트를 진행한 전문가예요. 또 '매너스 마인더Manners Minder'라는 훈련 기구를 개발하기도 했죠. 저도 이 책은 훈련하면서 종종 다시 꺼내 읽을 만큼 좋은 책이에요. 부제가 '화내거나 야단치지 않는 교육법, 처음 만나는 학습이론과 동물 행동수정'인데, 강아지를 교육하는 사람이라면 누구나 꼭 한 번은 읽어야 한다고 생각해요.

책은 크게 네 부분으로 나뉘어 있어요.

1. 개 이해하기: 개의 역사, 가축화 과정, 행동 등 기본 본질을 다루는 내용이에요.

2. 학습과학-개와 고양이의 행동 수정: 고전적 조건형성, 조작적 조건형성 같은 훈련에 꼭 필요한 행동학을 알기 쉽게 풀어놨습니다.

3. 기본예절 교육 5분 가이드: 다양한 예시를 통해 실생활에서 바로 적용할 수 있는 기본예절 교육 방법을 알려줘요.

《개, 어떻게 가르쳐야 하는가》 표지

매너스 마인더-버튼을 누르면 간식이
나오는 훈련기 (출처: 아마존)

4. 문제 행동 교정 5분 가이드: 실제 사례를 중심으로 문제 행동을 어떻게 교정할 수 있는지 설명해 줍니다.

이 책의 장점은 전문적인 내용을 굉장히 쉽게 풀어썼다는 거예요. 그래서 훈련사뿐만 아니라 반려견을 키우는 보호자도 이해하기 좋습니다. 반려견 훈련사를 꿈꾸는 청소년이라면 꼭 읽어봤으면 하는 책이에요.

DOG
TRAINER

반려견
훈련사가
되면

편 어떤 업무부터 시작하나요?

이 첫 출근을 하면 제일 먼저 강아지 이름부터 외워요. 이름을 알아야 동료들과 소통할 때 혼동이 없거든요. 그다음엔 강아지 건강 상태를 확인하는 법을 배웁니다. 강아지가 대소변을 볼 때 변이 묽지는 않은지, 점액질이나 혈액이 섞여 있지는 않은지 확인하면서 컨디션을 체크하죠. 또 움직임이나 겉모습을 보면서도 건강을 살펴봅니다.

이후에는 기본 관리 방법을 배우는데요. 목욕할 때 샴푸를 어떻게 희석하는지, 항문낭 짜는 방법, 샴푸 헹구는 순서, 드라이하면서 피부를 확인하는 방법, 빗질 방향 같은 걸 직접 보여주고 함께 실습하면서 익히게 됩니다.

그다음에는 줄 잡는 연습을 해요. 보통은 교육이 잘 되어 있는 강아지와 함께 산책을 나가서 안전하게 훈련하죠. 이때 강아지 성격이나 특이 사항도 알려주면서 중간중간 내용을 정리합니다. 또 힘든 일이 있는지 물어보면서 새로 들어온 훈련사가 잘 적응할 수 있도록 도와줍니다. 많은 걸 배우는 첫날엔 특히 이렇게 환기와 복습의 시간이 꼭 필요해요.

훈련사들의 업무 분담은 어떻게 되나요

편 훈련사들의 업무 분담은 어떻게 되나요?

이 훈련소 규모와 운영 방식에 따라 조금씩 다르지만, 보통은 수습 훈련사, 경력 훈련사, 팀장, 대표 이렇게 나눌 수 있어요.

먼저 수습 훈련사는 경력 1년 미만의 훈련사를 말합니다. 보통 전문대학을 갓 졸업하고 입사한 사람들이 많고요. 강아지 산책, 기본 관리, 청소 같은 일들을 주로 맡습니다. 또 현장에서 경력 트레이너의 수업을 보조하기도 하지요. 사실 이 시기는 일이 많고, 배울 것도 많아서 정말 중요한 단계예요.

경력 훈련사는 보통 1년 이상, 3년 미만의 경력을 가진 사람들을 말합니다. 기본 교육 프로그램을 강아지에게 직접 지도하고, 보호자 교육도 진행해요. 또 수습 훈련사들의 업무를 가르쳐주기도 하고요. 경험은 쌓였지만, 여전히 배워야 할 게 많은 시기죠.

팀장은 최소 3년 이상의 경력을 가진 훈련사예요. 능력에 따라 차이가 있긴 하지만, 후배 훈련사들을 지도할 수 있는 실력이 되면 팀장이 됩니다. 난도가 높은 문제 행동 교정을 맡거나 보호자 교육, 세미나 같은 업무를 담당해요. 또 훈련 방식과 업무 전반을 관리하고 지도하는 역할을 합니다.

마지막으로 대표, 소장은 보통 10년 이상의 경력을 가진 훈련사예요. 시설 운영과 행정, 재무, 마케팅 같은 전반적인 관리를 총괄하고, 난도가 높은 문제 행동 교육도 직접 맡습니다. 훈련사 인력 관리나 보호자 클레임 처리까지 모든 부분에 책임을 지는 자리죠.

'강아지 숲' 근무 시 함께한 팀원들과의 휴가

숙련되기까지 얼마나 걸리나요

[편] 숙련되기까지 얼마나 걸리나요?

[이] 보통 팀장급이 되려면 최소 3년 정도는 필요해요. 근무 환경에 따라 차이는 있지만, 강아지를 제대로 관리할 수 있어야 하고, 보호자에게 교육 내용을 설명해서 이해시키는 능력도 갖춰야 하거든요. 또 세미나나 보호자 대상 수업도 진행할 수 있어야 하고, 함께 일하는 훈련사들을 지도할 수 있는 수준이 되어야 하죠. 그래서 보통은 3년 이상이 걸리지만, 업무 강도나 개인 상황에 따라 조금씩 차이가 있을 수 있습니다.

[편] 정년은 어떻게 되나요?

[이] 아무래도 훈련사는 체력 소모가 많은 직업이라, 나이가 들수록 한계를 느끼는 경우가 많아요. 물론 개인의 건강 관리나 의지에 따라 차이는 있어서, 50~60대까지도 현장에서 강아지를 훈련하는 분들도 계십니다. 하지만 나이가 들면 직접적인 훈련보다는 후배 훈련사를 양성하거나, 보호자 교육, 강의, 컨설팅 같은 형태로 수업을 바꾸는 경우가 많습니다. 또 훈련소를 직접 운영하면서 관리자로 활동하기도 하지요.

결국 경력이 쌓일수록 경험과 신뢰가 자산이 되기 때문에, 연차가 쌓인 이후에는 현장보다는 관리와 운영에 집중하는 편이에요.

이 일은 사회에서 어떤 의미가 있을까요

편 이 일은 사회에서 어떤 의미가 있을까요?

이 반려견 훈련사는 단순히 강아지를 훈련하는 사람이 아니에요. 강아지와 보호자가 함께 즐겁고 행복한 반려 생활을 이어갈 수 있도록 돕는 사람이죠. 더 나아가 반려견과 함께하는 문화를 긍정적으로 바꿀 수 있는 존재이기도 합니다.

예전에는 강아지를 '애완동물'이라고 부르며 그저 귀여운 존재로만 보는 시각이 강했지만, 지금은 '반려견' 가족으로 자리 잡아가고 있어요. 훈련사는 앞으로 반려견을 키울 보호자들에게 올바른 반려 문화를 전달하고, 사회 전반에 긍정적인 인식을 확산시키며, 건강한 반려 생활이 정착되도록 돕는 중요한 역할을 수행해야 합니다.

DOG
TRAINER

반려견들의
다양한 활약

　장애인 보조견은 신체적으로 장애가 있는 사람을 보조하는 특수 목적견을 말합니다. 종류로는 시각장애인 안내견, 청각장애인 보조견, 지체장애인 보조견, 치료 도우미견이 있어요.

　시각장애인 안내견은 시각장애인의 보행을 돕도록 훈련된 강아지이고, 청각장애인 보조견은 전화나 초인종 같은 생활 속 소리를 행동으로 알려줍니다.

　지체장애인 보조견은 물건을 집어주거나 문을 여는 등 일상생활을 보조하고, 치료 도우미견은 정서적 안정이 필요한

시각장애인 보조견 (출처: 삼성화재 안내견학교)

사람들에게 심리적 안정을 주는 역할을 합니다.

　최근 뉴스를 보면 보조견의 출입 거부 문제가 자주 나오는데요. 사실 장애인 보조견은 특별한 사유가 없는 한 출입을 거부할 수 없습니다.

「장애인복지법」 제40조

"누구든지 보조견표지를 붙인 장애인 보조견을 동반한 장애인이 대중교통수단, 공공장소, 숙박시설, 식당 등 여러 사람이 이용하는 곳에 출입하려 할 때, 정당한 사유 없이 거부해서는 안 됩니다."

탐지견은 특정한 냄새를 학습시켜, 그 냄새를 맡으면 앉거나 엎드리는 등 일정한 행동을 하도록 훈련받은 강아지를 말해요.

우리나라에는 폭발물 탐지견, 마약 탐지견, 축산물 탐지견(검역 탐지견), 인명 구조견 등이 있고, 특수 임무 견으로는 흰개미 탐지견도 있습니다.

검역 탐지견은 해외에서 들어오는 농축산물이나 식물을 검사해, 악성 가축 전염병이나 식물 병해충이 국내로 유입되는 걸 막는 역할을 하고, 흰개미 탐지견은 문화재가 손상되지 않도록 목재를 갉아 먹는 흰개미를 찾아내는 일을 해요.

검역 탐지견 '델타'와 이승진 핸들러

독 스포츠는 말 그대로 강아지들의 스포츠 경기예요. 사람의 스포츠처럼 운동·경쟁·훈련의 요소가 결합한 경기로, 반려견과 사람이 한 팀이 되어 순위를 겨루는 스포츠입니다.

대표적인 종목으로는 프리스비, 어질리티, 독 댄스 등이 있어요.

1. 프리스비

사람이 던진 원반을 강아지가 공중에서 잡아 오는 경기입니다. 크게 두 가지로 나뉘는데요, 하나의 원반을 멀리·정확하게 던지는 D/A$^{Distance\ \&\ Accuracy}$, 음악에 맞춰 다양한 던지기

프리스비 경기 중 이솔이 훈련사와 보더콜리 '로버'

USDDN 세계대회 — 라브라도 리트리버 '도도'

방식과 루틴을 보여주는 프리스타일이 있어요.

대회마다 규정은 조금씩 다르지만, 국내에서도 USDDN, UFO, SKYHOUNDZ 같은 여러 대회가 열리고 있습니다. 또한 강아지의 체격에 맞춰 소형견은 '마이크로 독', 대형견은 '스탠다드' 부문으로 나누어 참가할 수 있습니다.

2. 어질리티 Agility

　어질리티는 사람과 강아지가 호흡을 맞추며 장애물을 빠르고 정확하게 통과하는 경기예요. 단어 그대로 Agility는 '민첩성'을 뜻하는데, 이름처럼 강아지가 얼마나 빠르고 정확하게, 그리고 순서에 맞게 장애물을 넘고 통과하는지를 겨루는 스포츠입니다. 장애물의 순서는 심사 위원이 직접 설계하며, 난도에 따라 단계가 나뉘어요.

어질리티 시범 중 이솔이 훈련사와 '도도'

비기너Beginner → 노비스Novice → 점핑Jumping → 어질리티 Agility 단계로 올라가면서 장애물의 구성도 다양해지고 개수도 많아집니다. 또 강아지들은 공정한 경쟁을 위해 체고(키)를 기준으로 체급을 나눠, 같은 체급의 강아지끼리 경기를 치릅니다.

허들을 넘는 웰시코기 '코하트'

3. 독 댄스_{Dog Dance}

독 댄스는 강아지와 사람이 음악에 맞춰 다양한 동작을 연출하며 춤추는 스포츠예요.

종목은 크게 Heelwork to Music(음악에 맞춰 동작 수행)과 Canine Freestyle 두 가지로 나뉩니다.

독댄스 중 핸드점프하는 이솔이 훈련사와 진도견 '타찌'

독댄스 마무리 동작 중 라브라도 리트리버 '도도'

차이는 간단해요. 독 댄스의 기본이 되는 Heelwork 동작이 차지하는 비율에 따라 달라집니다.

Heelwork to Music은 전체 동작 중 75%가 Heelwork 동작으로 구성되어야 하고, Canine Freestyle은 25%만 포함하면 됩니다.

강아지의 크기와 상관없이 모두 함께 겨루며, 강아지와 보호자가 얼마나 호흡을 잘 맞추고 자연스럽게 움직이는지가 심사의 중요한 포인트가 됩니다.

4. 플라이볼^{Flyball}

플라이볼은 쉽게 말해 강아지들의 릴레이 달리기 경기예요.

한 팀은 4마리 강아지로 구성되고, 순서대로 출발합니다. 강아지는 4개의 허들을 뛰어넘어 끝에 있는 플라이볼 박스까지 달려가요.

거기서 발판을 밟으면 공이 튀어나오고, 그 공을 물고 다시 4개의 허들을 넘어 돌아와야 합니다. 돌아온 순간 다음 강아지가 곧바로 출발하는 방식이죠.

이 경기에서는 속도·정확성·팀워크가 무엇보다 중요합니다. 두 팀이 동시에 달리면서 토너먼트 형식으로 승패를 가르기 때문에, 강아지와 핸들러 모두 긴장감 넘치고 흥미진진한 경기랍니다.

플라이볼 허들을 넘는 보더콜리

5. 캐니크로스^{Canicross}

'Canine(개)'와 'Cross Country(크로스컨트리)'가 합쳐진 말로, 사람과 강아지가 한 팀이 되어 자연 속을 함께 달리는 운동이에요.

사람은 허리에 전용 벨트를 차고, 강아지는 전용 하네스를 착용한 뒤 리드줄로 연결한 상태에서 달리게 됩니다. 이때 강아지가 앞에서 달리면서 사람을 이끌어 주는 방식이에요.

캐니크로스는 단순한 운동이 아니라, 강아지의 지구력 향상과 체력 관리에도 큰 도움이 됩니다. 다만, 보통은 12개월 이후에 하는 게 좋아요. 아직 성장판이 닫히지 않은 어린 강

캐니크로스 (출처: AKC)

아지가 무리해서 달리면 관절이나 뼈에 무리가 갈 수 있거든
요.

6. 도그 피트니스^{Dog Fitness}

도그 피트니스는 강아지의 신체 건강과 정신적 안정을 위
한 운동 프로그램이에요. 사람이 헬스장에서 PT 받듯이, 강
아지도 Dog Fitness 훈련을 받을 수 있답니다.

목표는 다양해요. 체력 향상, 비만 방지, 관절·근육 강화,
재활 운동 등 강아지의 상태에 맞춰 진행되죠.

특히 프리스비나 어질리티 같은 독 스포츠^{dog sports}를 즐기
는 강아지들에게 많이 추천되고, 또 질병이 있거나 관절이 좋
지 않은 친구들에게도 무리하지 않는 선에서 피트니스 훈련
을 권장합니다.

피트니스 장비 '핏본'
장비 위에서 운동 중인 강아지 (출처: FitPaws)

D O G
TRAINER

이 책을 마치며

편 반려견 훈련사로서 이 길을 묵묵히 걸어온 스스로에게 전하고 싶은 말이 있다면 무엇인지 궁금합니다.

이 저에게 이야기한다니 조금 쑥스럽네요.

"한편으로는 쉽지 않은 길을 묵묵히 걸어온 것에 대해 너무 대견하고, 기특하다. 몸도 마음도 힘든 시간이었지만, 또 그런 시간이 있었기에 이렇게 성장할 수 있지 않았나 싶다. 앞으로 일을 하다 보면 좋은 일도 있고, 힘든 일도 있을 텐데 그 모든 일이 너를 한층 더 성장할 수 있게 만들어 줄 거야. 힘들어도 강아지와 함께하는 일상 너무 재미있지 않니?"

편 지금까지 장시간의 인터뷰였습니다. 이제 마무리할 시간인데, 소감이 어떠신가요?

이 사실 인터뷰를 준비하고, 편집장님을 만나 이야기하니, 저의 과거를 기억하고 되돌아볼 수 있는 시간이었고, 의미 있는 시간이었습니다. 처음 훈련했을 때, 교육했던 친구들도 생각이 나기도 했어요. 훈련을 한창 배울 때의 초심을 되돌아볼 수 있었던 뜻깊은 시간이었습니다. 이런 기회를 주신 것에 감사드립니다. 앞으로도 많은 학생을 만나며, 강아지와 보호자에게 도움이 되는 훈련사가 되고 싶네요.

편 이제 어디를 가도 반려견을 볼 수 있는 시대가 되었습니다. 반려견을 좋아해도 만나고, 싫어해도 어딘가에서는 만나야 합니다. 이렇게 사람과 강아지가 늘 공존하는 세상이 되었는데요, 우리가 잊지 말아야 할 것은 무엇일까요?

이 저는 청소년을 대상으로 한 진로 수업과 대학생들을 위한 훈련학 강의 등을 통해 많은 학생들을 만나고 있습니다. 그 수업시간 중에 빼놓지 않고 이야기하는 것이 있습니다. 저는 청소년 여러분이 앞으로의 반려 문화를 만들고 이끌어갈 친구들이라고 생각합니다. 반려견 인구가 늘어나면서 잊지 말아야 할 것이 있습니다. 바로 '펫티켓'인데요, 펫티켓은 강아지를 키우는 반려인만 지켜야 할 것 같지만, 그렇지 않습니다. 강아지를 키우는 사람(반려인), 그리고 키우지 않는 사람(비반려인) 모두 지켜야 해요.

몇 가지 중요한 것만 이야기해 보자면, 반려인은 강아지의 목줄 착용, 동물 등록, 산책 시 배변 처리 같은 문제가 있을 수 있고, 비반려인은 동의 없이 강아지 만지지 않기, 허락 없이 간식 주지 않기 등이 있습니다. 반려인과 비반려인 모두 서로의 예절을 지킨다면, 더 성숙한 반려 문화를 만들 수 있다고 생각합니다. 아래 사진은 제가 실제로 수업에 사용하는 자료입니다. 꼭 여러분이 읽어보셨으면 좋겠습니다.

1. 반려견과 동반 외출 시 목줄,가슴줄 및 인식표 착용 필수

2. 2개월령 이상의 개는 시,군,구청 또는 동물등록 대행 기관에 동물등록 필수

3. 반려견과함께 외출시 배변 봉투를 챙겨주세요

4. 맹견 소유자는 법정 교육이수,책임보험 가입이 의무

5. 엘리베이터와 같은 공동주택,건물 내부의 공용공간에서는 반려견을 안거나
   목줄의 목덜미 부분을 잡아주세요

국내 동물보호법상 지정된 맹견

**+ <u>위 견종의
잡종견 포함</u>**

*입마게 필수

1. 타인의 반려견의 눈을 빤히 응시하지 말아주세요
   공격의 신호로 받아들여질 수 있어요

2. 타인의 반려견을 만지기 전 견주의 동의를 먼저 구해야합니다

3. 타인의 반려견에게 견주의 동의없이 먹이를 주면 안 됩니다

4. 타인의 반려견에게 갑자기 다가가거나 소리를 지르지 말아 주세요

5. 누군가에게 소중한 존재일 수 있는 반려동물에게 불쾌한 언행은 삼가해주세요

편 이 책을 읽는 독자들이 어떤 직업인이 되기를 바라시나요?

이 많은 직업이 있지만, 지금 어떠한 직업을 정해놓지 않아도 됩니다. 여러분들이 하고 싶은 것, 좋아하는 것을 찾다 보면 좀 더 도움이 될 거 같아요. 굳이 어려서부터 직업을 정해두지 말고, 여러 경험을 해보고, 천천히 찾다 보면 자기에게 맞는 분야를 찾을 수 있을 거예요. 사실 남들이 보기에 좋은 일보다는 내가 좋은 일을 하는 게 좋거든요. 그렇게 하다 보면 자연스럽게 흥미가 생기고, 일을 잘하게 되고, 방향성을 찾게 되면서 직업을 갖게 될거에요. 일단 많은 경험을 해보세요.

편 반려견 훈련사로서 살아가는 삶이 행복하신가요?

이 네, 저는 정말 행복합니다. 반려견 훈련사로 살아오면서 수많은 강아지를 만나 교육했고, 그 과정에서 큰 보람을 느낄 수 있었습니다. 강아지를 교육하는 동안 저 역시 많은 것을 배우고, 마치 세상을 다시 배우는 듯한 시간이었어요. 지금은 관심 있는 분들을 만나 제가 가진 경험과 지식을 나누는 것이 너무 즐겁고 행복합니다. 그래서 이 길을 오래오래 걸어가고 싶습니다.

편 청소년 여러분, 이 책을 읽는 여러분 중에는 강아지를 좋아하는 분도 있고, 싫어하거나 무서워하는 분도 계실 거예요. 그런데 아마 공통으로 반려견이 나오는 동영상을 보면 웃으실 거라는 생각이 들어요. 생명 속에는 다른 생명을 사랑하고 보살피는 마음이 있기 때문입니다. 생명과 생명이 조화롭게 공존하는 아름다운 세상을 만드는 반려견 훈련사 직업을 알아보았습니다. 이 세상의 모든 직업이 여러분을 차별하지 않고 모든 문을 활짝 열 수 있도록, 잡프러포즈 시리즈는 부지런히 달려갑니다. 다음 편에서 뵙겠습니다! 감사합니다.

D O G
TRAINER

나도
반려견 훈련사

반려견 트레이너가 되고 싶은 여러분들을 위해 제가 숙제를 하나 내보려고 합니다. 집에 반려견이 있다면 직접 해보세요.

루어링^{Luring}

루어링은 간식이나 장난감을 이용해서 강아지의 행동을 유도하는 교육 방법이에요. 예를 들어, 간식을 손에 쥐고 올려주면 강아지가 고개를 들면서 자연스럽게 앉는 동작을 하게 됩니다. 이런 식으로 원하는 행동을 유도하고, 그 동작을 익힌 뒤에는 명령어와 연결해 주는 거죠. 장점은 다른 방법보다 빠르게 행동을 만들어낼 수 있다는 거예요. 그래서 초보자들도 쉽게 따라 할 수 있습니다.

페이딩^{Fading}

페이딩은 루어링을 점점 줄이거나 없애는 과정을 말해요. 처음에는 간식이 있어야만 행동하던 강아지가, 점점 간식이 없어도 명령어에 따라 행동할 수 있게 하는 게 핵심입니다.

> **Tip** 교육에서 가장 중요한 건 '칭찬'과 '타이밍'

'칭찬은 고래도 춤추게 한다'라는 말 아시죠? 강아지도 마

찬가지예요.

많이 받는 질문 중 하나가 "간식 먹으려고 하는 거 아닌가요?"인데, 사실 교육이 어느 정도 진행되면 간식 없이도 행동할 수 있어야 합니다. 그때 중요한 게 바로 칭찬이에요.

강아지가 올바른 행동을 했을 때 바로! 크게! 잘 표현해 주는 칭찬은 강아지에게 재미와 동기부여를 줍니다. 교육의 성패가 칭찬에 달려 있다고 해도 과언이 아니에요.

자, 이제 여러분의 차례입니다.

직접 간식과 칭찬을 준비해서 강아지와 함께 교육을 시작해 보세요.

1. 간식 준비하기

루어링을 할 때는 한입 크기의 간식을 여러 개 준비해 주세요.

강아지가 먹고 바로 다시 집중할 수 있도록, 너무 크지 않은 게 중요합니다. 간식이 크면 씹는 데 시간이 걸려 훈련이 끊기고 집중이 흐트러질 수 있거든요.

또 너무 딱딱한 것보다는 말랑말랑한 간식이 좋아요. 그래야 삼키기도 쉽고 바로 다음 동작으로 이어갈 수 있습니다.

간식은 한두 개로는 부족해요. 훈련 과정에서 여러 번 보상을 해주어야 강아지가 '아, 이 행동이 맞구나!' 하고 배울 수 있거든요. 충분히 준비해 두세요.

준비가 끝났다면, 이제 강아지에게 루어링을 인지시키는 단계로 넘어가면 됩니다.

2. 간식 잡는 방법

간식을 들 때는 검지와 중지 사이에 간식을 끼우고, 엄지로 살짝 눌러 고정해 주세요.

이렇게 하면 간식이 쉽게 떨어지지 않고, 강아지가 손에 집

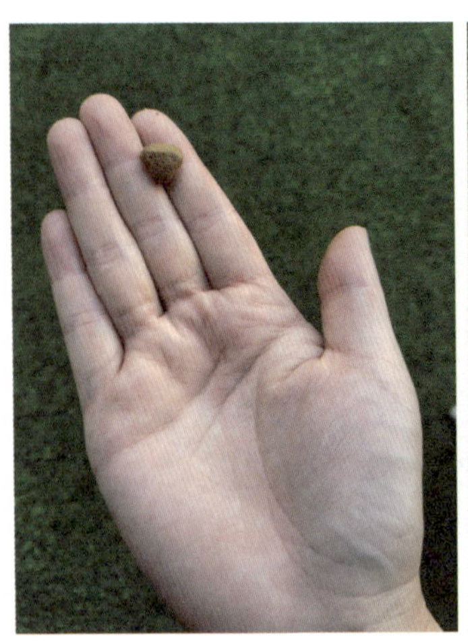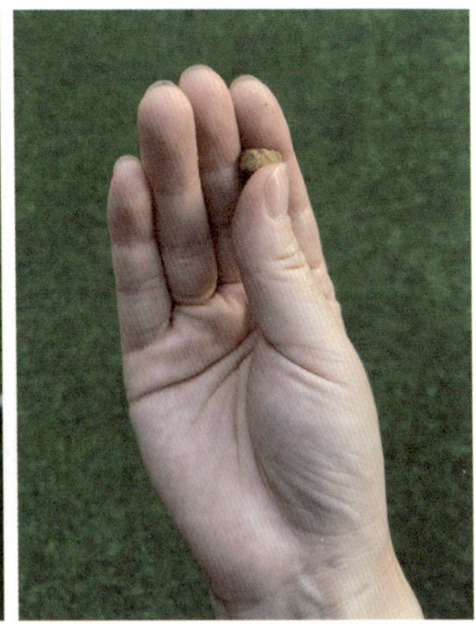

중하면서 따라오게 만들 수 있습니다.

손끝에서 간식을 보여주듯 움직이면, 강아지가 간식을 쫓아 자연스럽게 고개를 들거나, 몸을 움직이도록 유도할 수 있어요.

3. 처음 연습할 때(루어링 기본)

강아지가 처음 배우는 단계에서는 조용하고 차분한 공간에서 시작해야 집중이 잘 됩니다.

① 간식 보여주기

손바닥 위에 간식을 올려놓고 강아지에게 보여주세요. 손에 쥔 간식을 코 가까이에 가져가면 강아지가 스스로 다가오게 됩니다. 물려고 하면 안 돼요. 강아지가 입으로 간식을 덥석 물려고 하면 주지 말고, 대신 손 위의 간식을 따라오기만 해도 "옳지!" 하고 칭찬하며 간식을 주세요.

② 따라오는 연습

간식을 엄지로 막고, 강아지가 손을 따라오도록 유도하세요. 강아지가 움직임을 따라올 때마다 칭찬과 보상을 반복합니다.

③ 걸음 수·방향 늘리기

익숙해지면 걸음 수를 조금씩 늘리거나 방향을 바꿔보세요. 그래도 강아지가 손을 따라오면 크게 칭찬해 주고 보상하세요.

①"앉아."

가장 기본적이고 중요한 동작이에요.

간식을 손에 쥐고 강아지 코 앞에서 위로 천천히 올리듯 움직여주세요. 강아지가 간식을 따라 고개를 들면 자연스럽게 엉덩이가 내려갑니다. 이때 "앉아"라는 말과 함께 "옳지!" 하고 칭찬해 주며 간식을 주세요.

② **"엎드려"**

'엎드려'는 반드시 "앉아" 동작이 된 상태에서 시작합니다. 간식을 강아지 코 앞에 보여주고 아래로 천천히 내리면, 자연스럽게 앞다리가 바닥으로 내려가요.

그 순간 바로 "엎드려"라는 말과 함께 칭찬 "옳지!"를 해주고 간식을 주세요. 만약 잘되지 않는다면, 고개를 낮추는 것부터 단계적으로 연습하세요. 핵심은 엉덩이가 바닥에 붙은 상태에서 앞다리만 내려가야 한다는 점입니다. 만약 엉덩이가 들리면 손을 멈추고, 다시 앉은 자세로 유도해 주세요.

③ 제자리 돌아 - 스핀^{Spin} & 서클^{Circle}

스핀(Spin): 반시계 방향으로 360도 회전

서클(Circle): 시계 방향으로 360도 회전

1) 강아지가 정면에서 서 있는 상태로 시작합니다.

2) 간식을 든 손의 높이를 일정하게 유지한 채, 옆으로 천천히 움직여 강아지 고개가 돌아가도록 유도합니다. (만약 강아지가 주저한다면 작은 반원부터 시작해 따라올 때마다 칭찬과 보상을 주세요.)

3) 손을 끝까지 돌려 360도 회전을 유도합니다.

4) 강아지가 제자리로 돌아오면 즉시 칭찬과 보상을 합니다.

5) 반복 교육으로 강아지가 익숙해지면 손동작을 점점 줄이고, "스핀" 또는 "서클"이라는 명령어만으로 동작할 수 있도록 연습합니다.

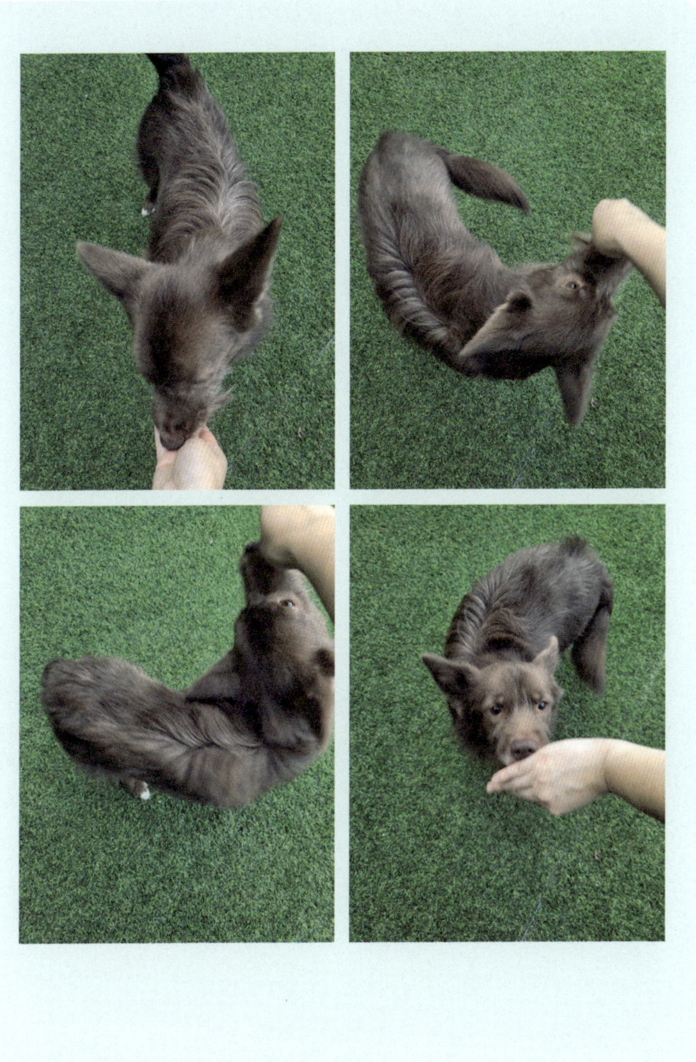

④ **"차렷"**

1) 앉아 동작에서 시작합니다.

2) 간식을 손에 쥐고 코 앞에서 직선으로 위로 올립니다.

   • 강아지가 위로 따라오려는 시도를 보이면 즉시 칭찬
   과 보상을 주세요.

3) 손의 위치를 조금씩 더 높여 앞다리를 들고 일어설 수
   있도록 유도합니다.

   • 이때 차렷은 엉덩이와 허리 코어 근육을 쓰는 동작
   이므로, 버티는 시간을 점차 늘려주세요.

   • 단, 어린 강아지에게는 무리가 될 수 있으므로 피
   해주세요.

4) 반복 연습을 통해 "차렷" 명령어만으로 서는 동작을
   할 수 있도록 지도합니다.

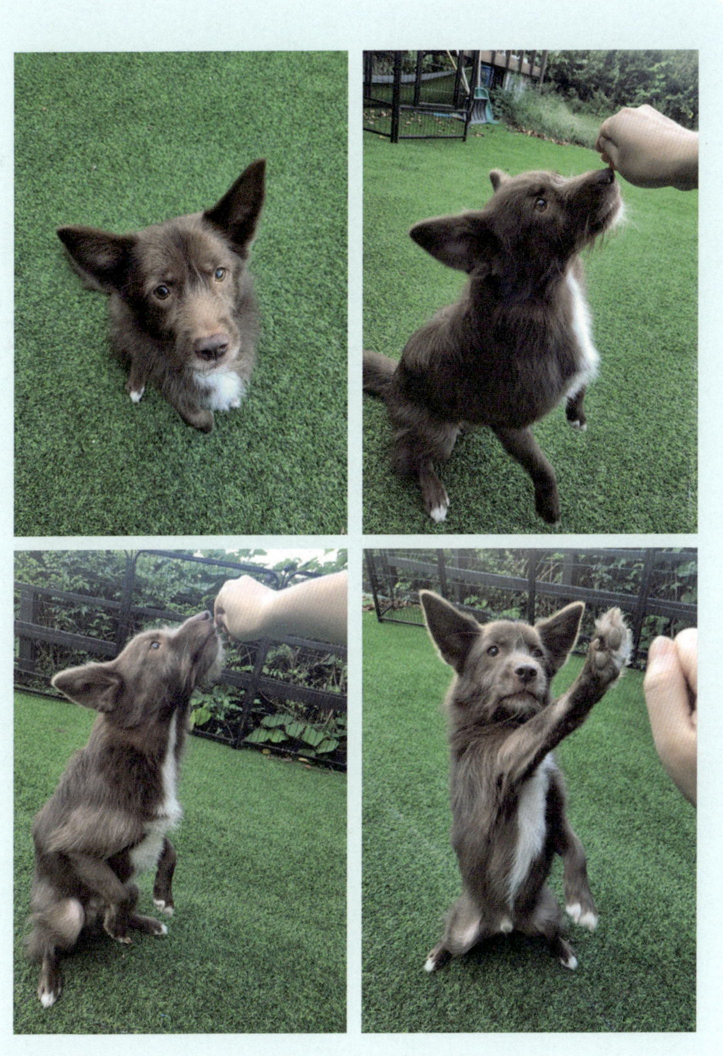

⑤ **충성**

1) 앉은 상태에서 시작합니다. 이때 준비물로 머리밴드나 테이프 등을 사용합니다.

2) 강아지의 머리에 밴드를 가볍게 씌워주면, 불편함 때문에 앞발로 벗으려고 행동합니다.

3) 이 순간 앞발이 올라가면 즉시 칭찬과 보상을 주세요. 반복 연습을 통해 동작이 자연스러워지면, 앞발이 올라가려는 순간에 "충성"이라는 명령어를 함께 말하며 강화합니다.

4) 주의할 점은 처음에는 한쪽 발만 집중적으로 강화하는 것이 좋습니다. 반대 발이 올라왔을 때는 보상하지 않습니다.

이렇게 5가지 동작을 해보았습니다.

강아지마다 인지 능력이 다르기 때문에, 천천히 단계별로 교육하는 것이 가장 중요합니다.

강아지와 짧게라도 교육을 해본 뒤에는,

'내가 잘한 점'과 '더 잘할 수 있는 점'을 하나씩 적어보세요.

훈련사는 강아지를 훈련하는 사람일 뿐 아니라, 자기 자신도 함께 훈련하는 사람이랍니다.

청소년들의 진로와 직업 탐색을 위한
잡프러포즈 시리즈 84

함께 하는 기쁨을 만드는
반려견 훈련사

2026년 01월 09일 초판 1쇄

지은이 | 이솔이
펴낸이 | 김민영
펴낸곳 | 토크쇼

편집인 | 김수진
표지디자인 | 이든디자인
본문디자인 | 문지현
홍보 | 이예지

출판등록 | 2016년 7월 21일 제2019-000113호
주소 | 서울시 마포구 월드컵북로 98, 2층 202호
전화 | 070-4200-0327
팩스 | 070-7966-9327
전자우편 | myys327@gmail.com
ISBN | 979-11-94260-68-4(43190)
정가 | 15,000원